ULYA VOGT-GÖKNIL

Frühislamische Bogenwände

Ihre Bedeutung zwischen der Antike und dem westlichen Mittelalter

unter Mitarbeit von
BERNHARD WAUTHIER-WURMSER

Mit 255 Abbildungen und Zeichnungen

AKADEMISCHE DRUCK- u. VERLAGSANSTALT
GRAZ/AUSTRIA
1982

Die Realisierung dieser Arbeit wurde durch die Unterstützung des Schweizerischen National-Fonds möglich, wofür an dieser Stelle mein herzlichster Dank ausgesprochen sei.
Herrn Bernard Wauthier-Wurmser (Paris) danke ich für seine tatkräftige Mitarbeit bei der Gestaltung dieses Buches sowie für die Anfertigung der Zeichnungen und der Aufnahmen eines großen Teils der hier verwendeten Photographien.
Herr Assessor Dr. Hermann Schulin (Zürich) hatte die Freundlichkeit das Manuskript vor der Drucklegung kritisch zu prüfen.
Herr. Dr. K. Gratzl (Graz) und Herr Ing. L. Schedl (Graz) betreuten verständnisvoll und kompetent die Drucklegung des Buches.
Frl. Susanne Lutz, hc.-phil. I (Zürich) verfertigte selbständig das Orts- und Namenregister und half bei den Abschlußkorrekturen mit.
Meine Söhne Nedim und Turgut Vogt begleiteten mich auf einigen meiner Reisen und haben einen Teil der photographischen Aufnahmen gemacht.
Ihnen allen gilt mein herzlichster Dank.

U. V.-G.

Publiziert mit Unterstützung des Schweizerischen
Nationalfonds zur Förderung der wissenschaftlichen Forschung

Satz, Reproduktion und Druck

Printed in Austria
ISBN 3-201-01203-3
127.82

Inhaltsverzeichnis

I.

DAS KONZEPT DER FRÜHISLAMISCHEN MOSCHEE

„Und sie umgrenzten den Hof mit einem Graben, damit niemand mit einem privaten Bau in die Moschee hineindringe.“

At-Tabari, Annalen[1]

Die vorliegende Arbeit hat zum Ziel, die Tragwände der frühislamischen Moscheen zu untersuchen. Die Bethallen dieser Moscheen sind fast immer Stützenhallen (Pfeiler- oder Säulenhallen) mit Bogenstellungen. Hallen mit geradem Gebälk bilden nur die Ausnahme. Außenwände und die flache Holzdecke haben hier angesichts der Präsenz der mehrfach sich wiederholenden Säulen- und Bogenfluchten bloß eine sekundäre Bedeutung. Die immensen horizontal ausgedehnten Räume sind nicht von ihren Grenzen (Außenwand und Decke) her bestimmt: d. h., ihre Form kann man kaum an ihrer „Schale“ ablesen. Die Menge und die Dichte der Stützen definieren hier den Raum. Konstruktiv betrachtet sind die Arkadenreihen die Träger der Holzdecke. Aber diese Funktion wird im Raum dem Auge nicht manifest. Wer in einer dieser Bethallen steht oder auf dem Boden kauert, sieht sich stets von zwei horizontalen, rechtwinklig zueinanderlaufenden „Zügen“ umgeben: Die Arkadenreihen in einer Richtung und senkrecht dazu die Flucht der hintereinander stehenden Bogen. Die dem Auge endlos erscheinenden Wiederholungen der Säulen und der Bogenläufe betonen eher die kontinuierliche Ausdehnung des Bodens, die Weite der horizontalen Dimension. Die Stützen markieren hier in erster Linie die „Schnittpunkte“ der beiden senkrecht zueinander laufenden „Züge“ im Raum. Wo immer auch man steht, empfindet man sich in der *Mitte.* Dieser Eindruck ändert sich nicht, wenn man sich im Raume weiter bewegt.

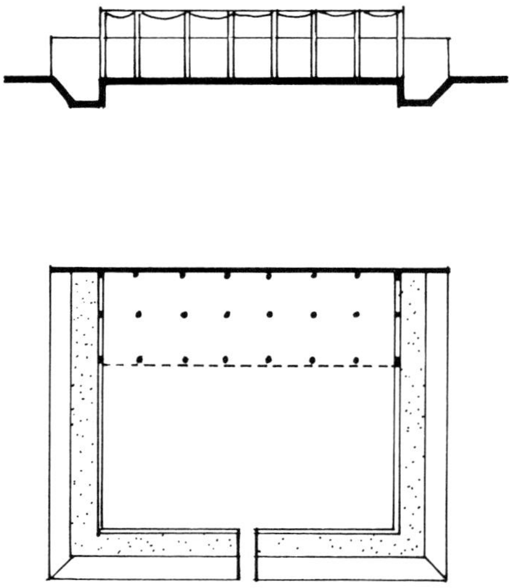

Fig. 1

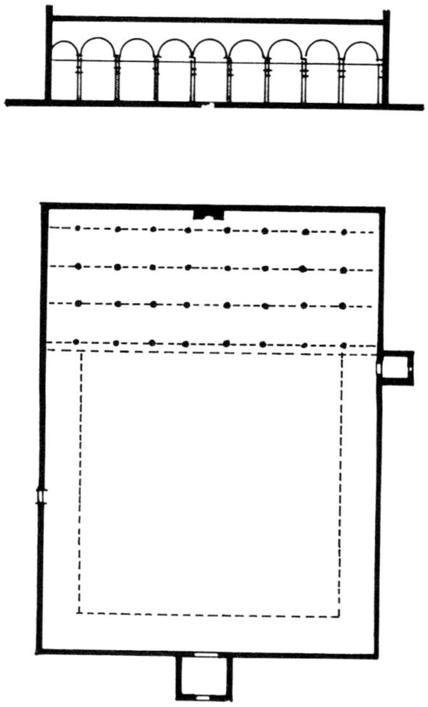

Fig. 2

Der Raum und die Außenwände

Die Arkadenreihen und die Decke einerseits, die Außenwände anderseits bilden zwei voneinander konstruktiv unabhängige Einheiten. Die Tatsache, daß in der arabischen Stützenmoschee die Außenwände und die Bethalle nicht miteinander koordiniert sind, ist aus der Entstehungsgeschichte der frühesten Bethallen her zu erklären. Wie die arabischen Chronisten berichten, wurden die Grenzen ursprünglich durch Pfeilschießen abgesteckt: „Als er (der Statthalter) zum Orte seiner Moschee gelangte, befahl er einem Mann, einen Pfeil in der Richtung Qibla zu schießen, und er markierte den Ort. Darauf schoß er einen Pfeil in nördlicher Richtung und markierte den Ort, dann schoß er einen Pfeil in südlicher Richtung und markierte seinen Ort. Dann schoß er einen Pfeil in östlicher Richtung und markierte seinen Ort. Dann wurde die Moschee der Stadt Kûfa . . . errichtet."[2] Aus diesen und weiteren Beschreibungen geht hervor, daß die Moschee von Kûfa ursprünglich eine offene Säulenhalle war. Die Bethalle und der Hof waren nicht von Wänden, sondern von einem Graben umgrenzt (Fig. 1 u. 2).

Viele der frühen Bethallen, die als Lagermoscheen für das Heer in kurzer Zeit gebaut wurden, hatten als Stützen Palmstämme und waren von einem niedrigen Schilfrohrzaun umgeben. Die Notwendigkeit, den Gläubigen einen schattigen Betplatz zu schaffen, bestimmte die Gestalt des Betraumes: Ein ebener Boden, auf dem sich der Gläubige niederwerfen konnte, und ein Dach, das Schatten spendete, waren die beiden Voraussetzungen. Die Baumstämme wurden sehr bald durch antike Säulen ersetzt und die Bethalle von massiven Mauern umgeben. Ihren ursprünglichen Charakter verlor die arabische Stützenmoschee auch dann nicht, als sie zu einem aus festem Material errichteten, repräsentativen Gebäude wurde.

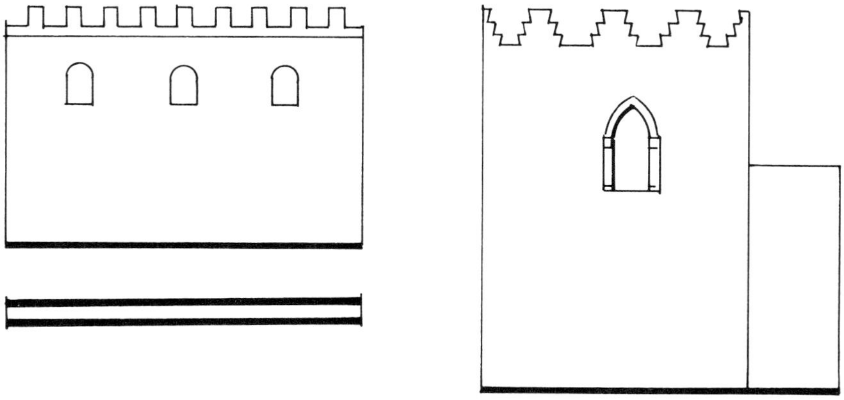

Fig. 3

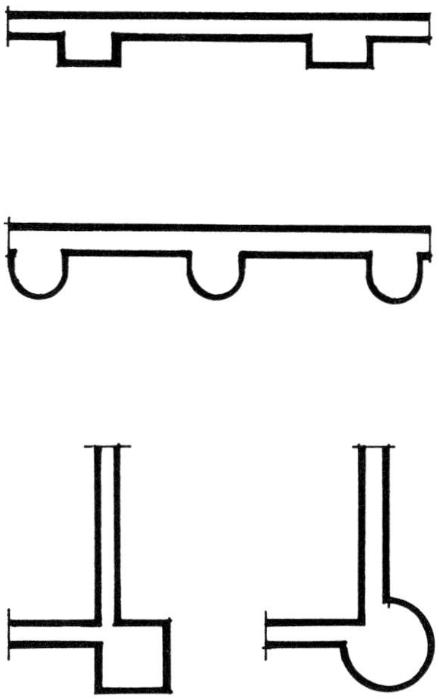

Fig. 4

Die Außenmauern der arabischen Moscheen gleichen den Stadt- oder Festungsmauern. Sie sind meistens mit halbzylindrischen oder rechteckigen Strebepfeilern versehen und haben Zinnen als Abschluß. Hier wird eine alte Bautradition weitergeführt, die seit dem alten Babylon im Mittelmeerraum an Wehrbauten anzutreffen ist.

In den Annalen von At-Tabari lesen wir wiederum im Zusammenhang mit der alten Moschee von Kûfa die Erklärung, weshalb die Moschee von einem Graben umgeben wurde: „... und sie umgrenzten den Hof mit einem Graben, damit niemand mit einem privaten Bau in ihn hineindringe." So erscheint es folgerichtig, wenn für den „Schutz" der Moschee später wiederum eine von der Wehrarchitektur entlehnte Form gewählt wurde. Auch in einem umfassenderen Sinne eignete sich die Form der Stadtmauern für die Außenmauern der Moschee: Sie schirmen ab, sie schützen die Bethalle, sind aber zugleich *selbttragend,* d. h., sie funktionieren nicht als *Träger* einer Decke oder eines Gewölbes. Um diese Funktionen deutlich zu betonen, wurden vermutlich die Zinnen beibehalten (Fig. 3 u. 4).

Charakteristisch für die Außenwände der früharabischen Moschee ist der gleichmäßige Rhythmus. Es wird nirgends versucht, eine der vier Wände zur Hauptfassade zu machen und sie entsprechend durchzugestalten. Die Tore können – mit Ausnahme der Qiblawand – an irgendeinem beliebigen Punkt der Außenmauern angebaut werden. Ihr Platz wird vielmehr vom Straßennetz und der Verkehrsströmung der Stadt her bestimmt. Von außen läßt sich kaum erkennen, welcher Teil der Umfassungsmauer zum Hof und welcher zur Bethalle gehört (Fig. 5 u. 6).

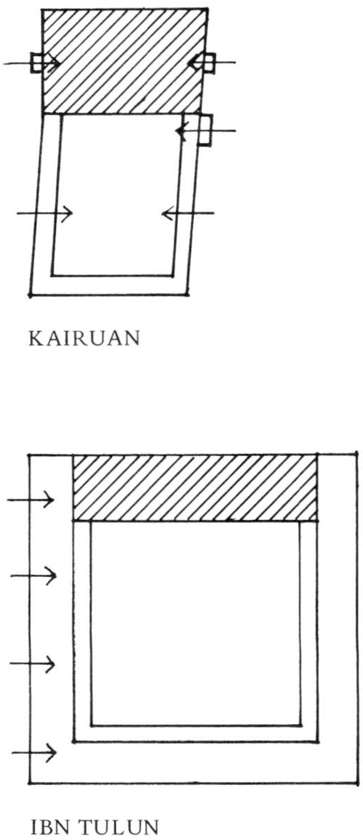

Fig. 5

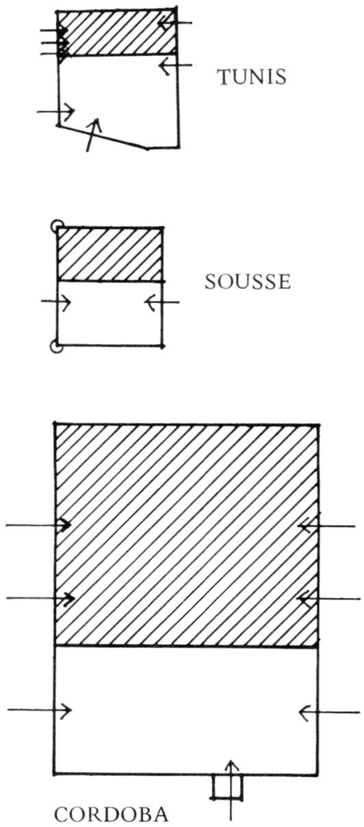

Fig. 6

Das Pergolasystem und die Raumproportionen

Die Bethallen sind immer an drei Seiten (Ost-Süd-West) von Mauern umgeben, die Nordseite hingegen öffnet sich in ihrer ganzen Breite zum Hof. Bei den Bethallen, deren Arkadenreihen parallel zur Qiblawand verlaufen, bildet die nördlichste Arkadenreihe die Hoffassade (Ibn Tulun und Al Hâkim in Kairo). In Cordoba, Kairuan oder Tunis, wo die Bogenläufe senkrecht zur Qiblawand ausgerichtet sind, werden die Reihen, die die nördlichsten Säulen bilden, durch Arkaden miteinander verbunden. In beiden Fällen ist die Bethalle vom Hof her in jeder Achse zugänglich (Fig. 7 u. 8).
Die Arkadenreihen des Innenraumes besitzen ihre eigenen Proportionen, ihren eigenen Rhythmus. Die Verstrebungen der Umfassungsmauern entsprechen selten dem Schub der Bogenläufe. Bei den Bethallen, die mehr als fünf Joche tief sind, werden die Arkaden ungefähr in der Mitte des Raumes durch eine querlaufende Bogenreihe miteinander verbunden (Kairuan, Tunis). Nicht die Außenwand, sondern eine frei vor dieser stehenden Säulenreihe empfängt an der Ost- und Westseite die Last der Decke (Amr Moschee in Kairo, Große Moschee in Kairuan und die Zeytuna Moschee in Tunis). In den Bethallen von Kairuan und Tunis, wo die Bogenläufe sich gegen die Qiblawand richten, stehen die östlichsten und westlichsten Arkaden direkt vor der Außenwand. Auch an der Südseite stoßen die Bogenläufe fast nie direkt auf die Qiblawand. Ihr Schub wird von einer der Qiblawand parallel laufenden Arkadenreihe abgefangen (Kairuan, Cordoba und auch in den späteren Pfeilermoscheen von Marakesch, Tinmal usf.). Mit Ausnahme von Cordoba werden fast in allen Säulenmoscheen die Bogenreihen mit eisernen oder hölzernen Ankern ausgesteift. Eine dazu quer-

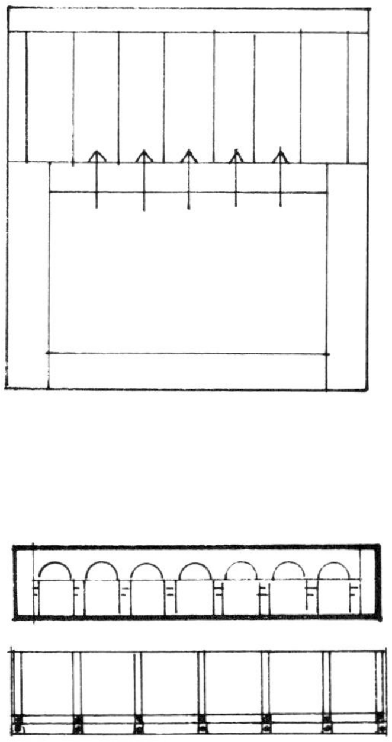

Fig. 7

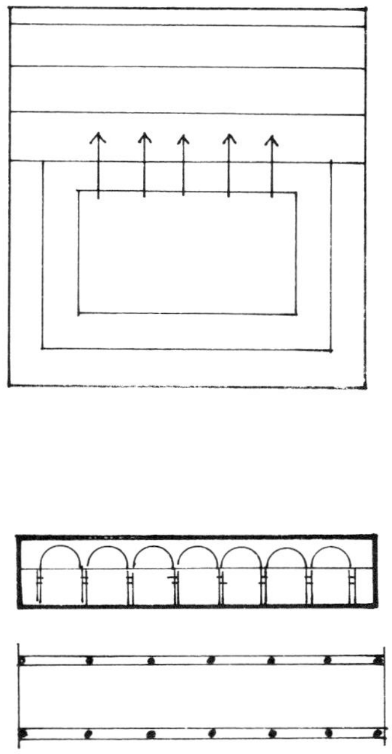

Fig. 8

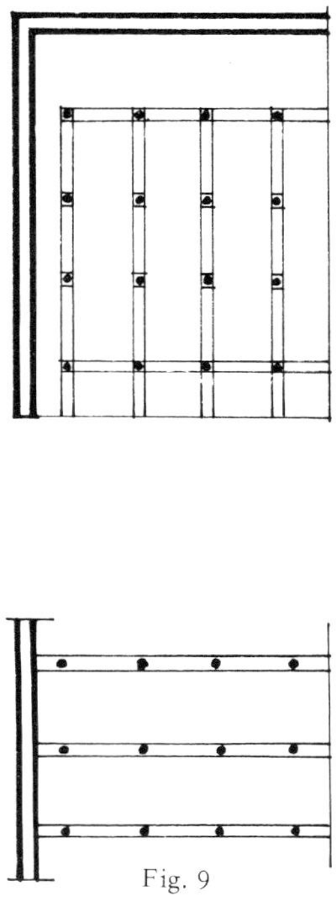

Fig. 9

laufende Reihe von Ankern verbinden die parallel laufenden Bogenwände miteinander. So bilden die Bogenwände des Innenraumes ein in sich verspanntes, von den Umfassungsmauern statisch unabhängiges System. Wie an der Hofseite könnten auch an den anderen drei Seiten die Außenmauern wegfallen, ohne daß die Stabilität leidet. Viele der genannten Bethallen wurden im Laufe der Jahrhunderte mehrere Male erweitert. Je nach den Umständen wurde dabei eine der Außenwände abgetragen. Geschah die Erweiterung in der Laufrichtung der Arkaden (Cordoba I, Cordoba II), so wurden die Bogenläufe einfach fortgesetzt. In Fällen, wo die Erweiterung parallel zur Laufrichtung durchgeführt werden mußte, wurden weitere Arkadenreihen nebeneinander aufgestellt (Al-Azhar in Kairo, die dritte Erweiterung von Cordoba). Alle diese Beispiele zeigen, daß die Arkadenreihen und die Decke von vornherein als ein von Umfassungsmauern unabhängiges System konzipiert wurde; statisch betrachtet ähnlich der Konstruktionsidee eines Pergolasystems (Fig. 9).

Ein weiteres Wesensmerkmal der arabischen Bethalle ist das Vorherrschen der *horizontalen Dimension*. Breite und Tiefe schmelzen hier zusammen zu einer kontinuierlichen waagrechten Ausdehnung. Die Weite des Raumes erscheint dem Auge unermeßlich. Während das Horizontale als eine endlose Weite erfahren wird, überschreitet die vertikale Dimension kaum die Grenzen des Menschenmaßes; sie bleibt immer im Rahmen des Überblickbaren und Meßbaren. Doch diese Eigenart kristallisiert sich erst gegen Ende des 8. Jahrhunderts heraus. Die Proportionen der frühomaijadischen Bauten in Syrien (Damaskus und Jerusalem) sind nicht sehr verschieden von den Proportionen der frühchristlichen Kirchen. Die östlichen Bethallen hingegen entsprechen eher dem altpersischen Apadana. Nach den Berichten des arabischen Chronisten Al-Mukaddasi müssen die

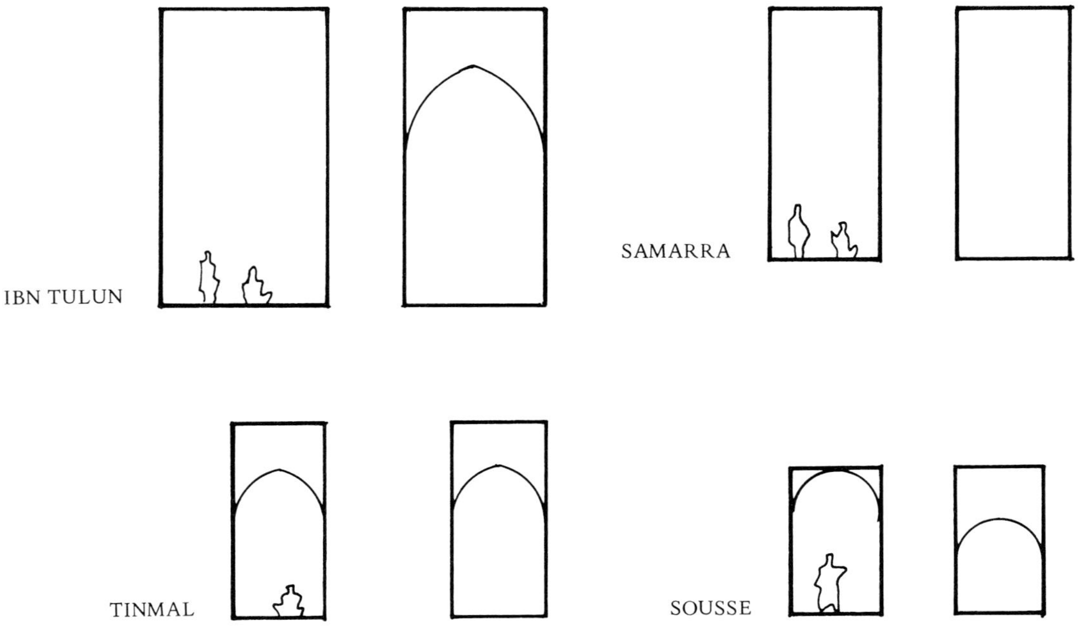

Fig. 10

Moschee von Ischtar (Persepolis) und die von Qazvin 15 bis 16 Meter hohe Trommelsäulen mit altpersichen „Kuh-Kapitellen“[3] gehabt haben. Auch der andalusische Geograph Al-Jubair, der die Moschee von Kûfa gegen Ende des 12. Jahrhunderts besucht haben soll, berichtet von 15 Meter hohen, schlanken Säulen, die „Stück für Stück aufeinander gelegt“ waren, und diese „den Schiffmasten ähnliche Säulen“ hatten keine Bogenstellungen.[4] Wie aus diesen Berichten hervorgeht, müssen diese östlichen Moscheen anfänglich Raumproportionen wie die persischen Apadanas gehabt haben.

Erst 786, mit der Gründung der Großen Moschee von Cordoba, kam eine eigene Raumkonzeption zur Verwirklichung. Die erste Bethalle von Cordoba hatte bei 80 Meter Breite und 40 Meter Tiefe eine Höhe von nur 9,5 Metern. Dieses quantitative Überwiegen des Horizontalen erzeugte eine neue Raumqualität, die sich mit den Maßstäben des Euklidischen Raumes nicht mehr erfassen läßt. Indem das Horizontale zum Vertikalen in ein „unverhältnismäßiges“ Verhältnis gesetzt wird, wird die Vorstellung von einem kubischen Raum gesprengt. Dabei verliert auch die herkömmliche Vorstellung der Außenwand ihre Bedeutung. In der neuen Raumkonzeption der arabischen Bethalle kommt den Umfassungsmauern nicht mehr die Funktion als *Grenze* oder *Schale* des Innenraumes zu. Sie umfassen den Raum, ohne ihn zu formen. In den Moscheen des 9. Jahrhunderts dominiert zunehmend die horizontale Dimension. Viele dieser Bethallen haben im Laufe der Jahrhunderte mehrfache Erweiterungen erfahren. Besonders die Moschee von Cordoba, die dreimal erweitert wurde, ist ein hervorragendes Beispiel dafür, daß die neu hinzugefügten Arkadenreihen den ursprünglichen Charakter des Innenraumes nicht verändert, sondern im Gegenteil in seiner Wirkung gesteigert haben. Gerade durch diese Eigenart – die Hallen sind nämlich uneingeschränkt erweiterbar – unterscheiden sich die Moscheen des 9. Jahrhunderts von ihren altpersisch oder christlich geprägten Vorgängern im 8. Jahrhundert. In der Großen Moschee von Damaskus oder in der Aksa Moschee ist das Verhältnis zwischen Breite, Tiefe und Höhe noch im „Gleichgewicht“. Der Innenraum verkörpert hier noch eine Einheit und Übersichtlichkeit als dreidimensionales Gebilde (S. 10 u. 11).

DAMASKUS

Fig. 11

KAIRUAN

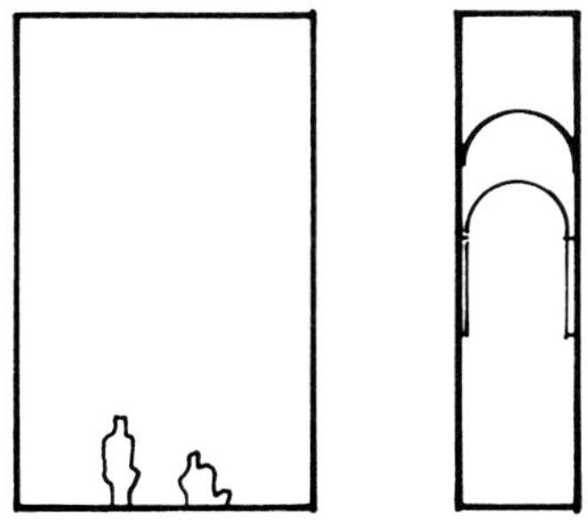

CORDOBA

SFAX

Die Bedeutung des Bodens

In den Bethallen des 9. Jahrhunderts erhält der Boden eine besondere Bedeutung. Der gleichmäßige Rhythmus der Bogenfluchten, deren Endpunkte mit dem Blick kaum zu erfassen sind, drängt die abgrenzende Wirkung der Außenmauern zurück. Die Säulenabstände vermindern sich im Laufe des Jahrhunderts. In Cordoba z. B. sind sie in der Längsrichtung 2,5 Meter und in der Querrichtung 7,5 Meter. In den Moscheen Amr, Kairuan, Tunis und Sfax sind die Säulenkonstellationen beinahe quadratisch, und die Interkolumnien sind auf 4–4,5 Meter reduziert (Fig. 10 u. 11).

In den oben genannten Moscheen ist das Verhältnis der Säulenabstände und der Raumhöhe ungefähr 1:2. Das Dichterwerden der Interkolumnien bewirkt die Erweiterung des Blickwinkels *in der Höhendimension,* oder, anders ausgedrückt, die Arkadenreihen erscheinen dem Betenden, der auf dem Boden kauert, näher, während die Decke aus seinem Blickfeld herausrückt. Nur noch den Boden kann er als eine kontinuierliche Fläche erfassen, einzig die Bodenfläche erscheint seinem Auge als „Begrenzung" des Raumes; nur sie trägt, sammelt und faßt alles zusammen.

Architektonisch betrachtet ereignet sich hier etwas Widersprüchliches: Das Dichterwerden oder Zusammenrücken der vertikalen Elemente (Pfeiler oder Säulen) steigert nicht die Höhenwirkung, sondern intensiviert die Erfahrung der horizontalen Ausdehnung.

In den Bethallen wird die Kontinuität des Bodens von keinem Gegenstand oder Mobiliar unterbrochen. Man betritt den Raum ohne Schuhwerk und kauert unmittelbar auf dem Boden. Nicht mit zum Himmel, sondern mit zum Boden gerichtetem Blick wird das Gebet verrichtet. Die verschiedenen Körperstellungen, an die sich der Betende halten muß, sind: Stehen, Sichbeugen, Knien und Sichniederwerfen. Das Sichniederwerfen und *Berühren des Bodens mit der Stirn* stellt den intensivsten Augenblick der Gottesehrfurcht dar.

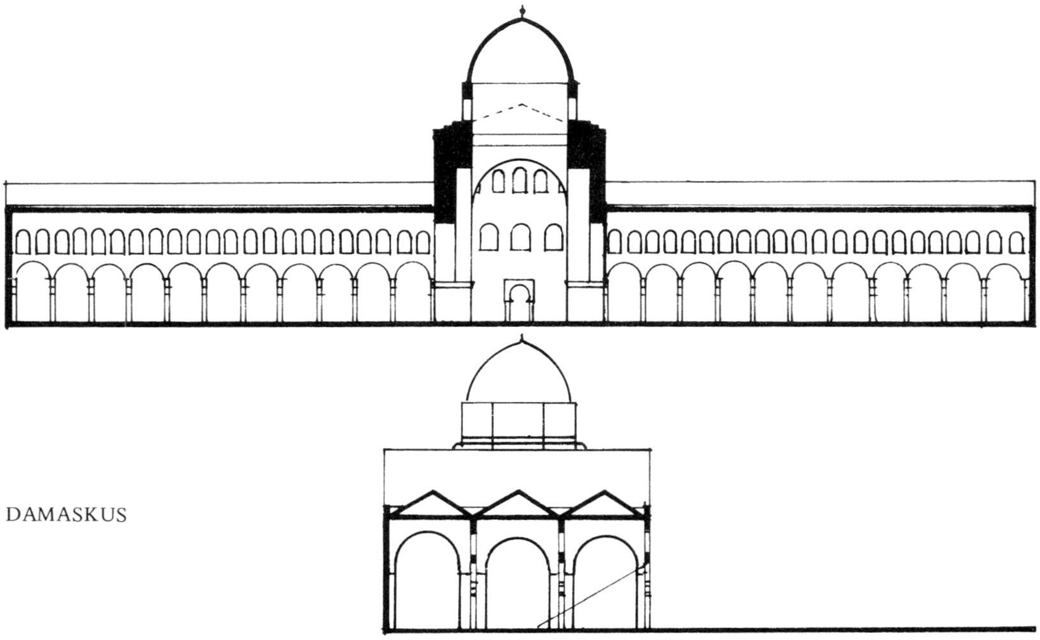

DAMASKUS

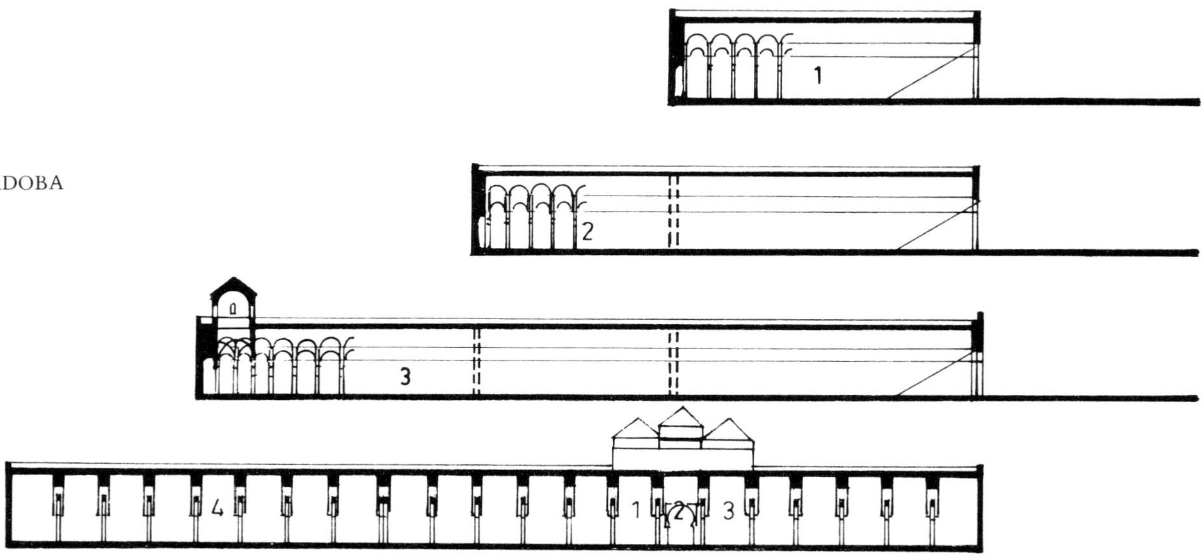

CORDOBA

KAIRUAN

SOUSSE

SFAX

KUTBIYA

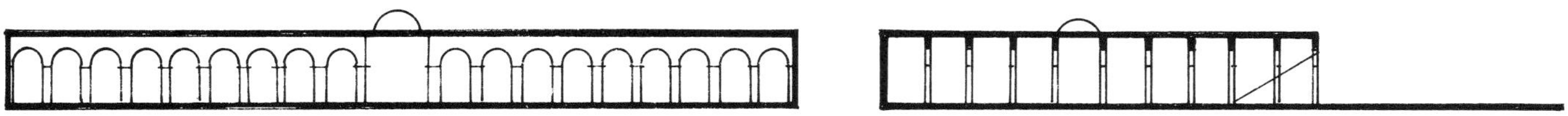

EL AZHAR

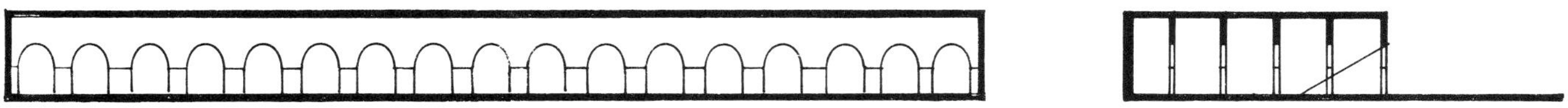

IBN TULUN

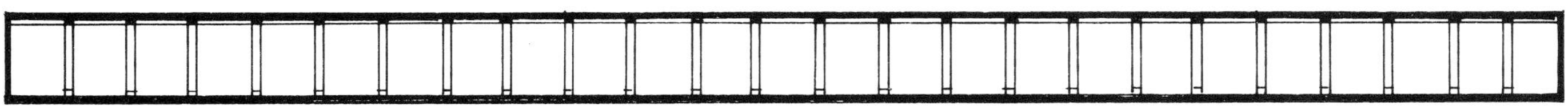

SAMARRA

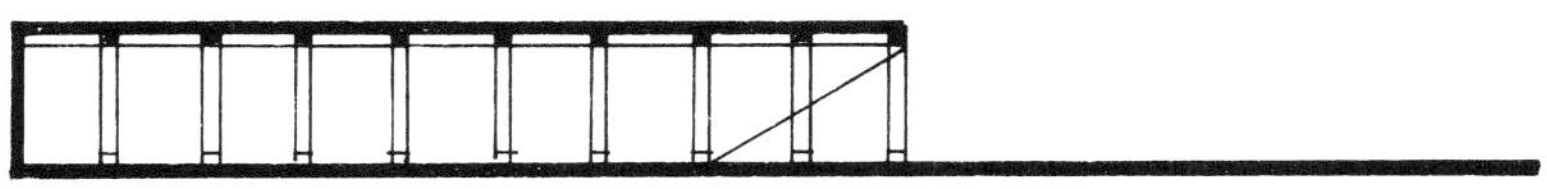

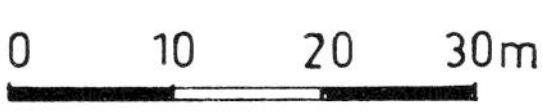

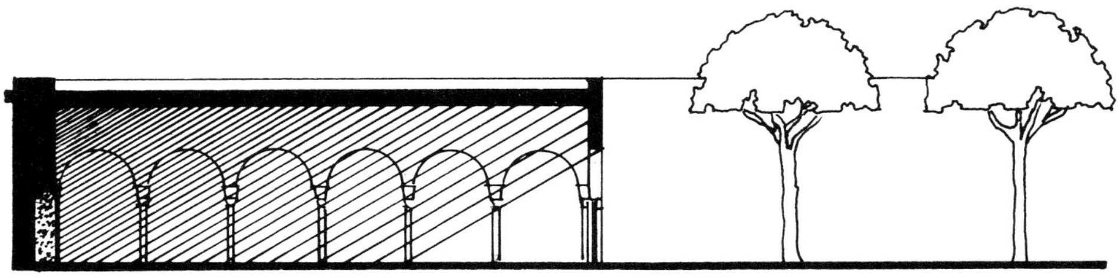

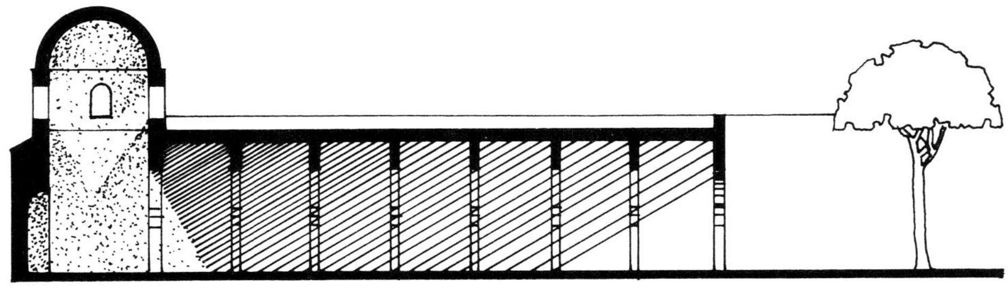

Das Licht

Besonders die Art der Lichtführung trägt dazu bei, die Bedeutung des Bodens zu steigern. Die Bethallen sind an drei Seiten von massiven Wänden umgeben. Die Qiblawand ist fast immer ohne Fenster. Viele der Bethallen haben auch an den Seitenwänden keine Fensteröffnungen. Auch in den Hallen mit Seitenfenstern reicht der Lichteinfall kaum bis zur nächsten Säulenreihe. In Cordoba beispielsweise ist die Breite der Fenster nicht viel größer als die Wandtiefe.

Die Bethallen erhalten ihr Licht allein von der Nordfassade (Hofseite) her, und zwar fällt das Licht in der ganzen Breite durch die Nordarkaden in den Raum ein. Die Bogenwand hindert den direkten Lichteinfall auf die Decke. Das Licht wird von den Arkaden gebrochen und zum Boden geführt.

In den Bethallen von Cordoba oder Kairuan, wo die Bogenläufe senkrecht zur Qiblawand laufen, gleitet das Licht den Bogenwänden entlang, gegen die Qiblawand zu abnehmend. In den Bethallen mit in Querrichtung gestellten Bogenläufen öffnet sich vor dem Eintretenden eine Reihe von immer dunkler werdenden Bogenwänden. In beiden Fällen hat der Betende das Licht *hinter sich.* Blickt er in die Querrichtung, so findet er sich in einem asymmetrisch beleuchteten Raum: Auf der einen Seite hat er die fensterlose, dunkle Qiblawand und auf der anderen Seite die Hofarkaden, die im Gegenlicht wie ein Scherenschnitt erscheinen. In der Querrichtung zerfällt der Raum in eine helle und in eine dunkle Zone, die keilförmig ineinander übergehen. Diese Kontrastwirkung der Qibla- und der Eingangsseite bleibt auch in den Bethallen bestehen, deren Vormihrabraum mit einer Kuppel versehen ist und Oberlicht erhält (Kairuan, Tunis, Cordoba u. a.). Der Lichteinfall von den kleinen Fenstern am Kuppelansatz ist „punktuell", d. h. bloß auf den Vormihrabraum beschränkt. Die Qiblawand selbst bleibt immer in der dunkelsten Zone des ganzen Raumes. Die lokale Beleuchtung des Vormihrabraumes steigert eher die Dunkelheit der im Schatten liegenden Qiblawand. Der einzige direkt beleuchtete Ort in der Bethalle ist der Boden.

II.

DIE VORISLAMISCHEN WAND- UND TRAGESYSTEME

„Arcatuis imitationibus debentur columnae quadraungulae. Nam in rotundis opus erit mendosum."

Leon Battista Alberti[5]

Im Prinzip sind die Bethallen der arabischen Moscheen Hypostylhallen, und die Idee, Hypostylhallen zu errichten, war in der Architekturgeschichte nicht neu. Der Tempel von Karnak, das Telesterion in Eleusis oder die persischen Apadanas sind Beispiele dafür.

Alle diese oben genannten Bauten waren flachgedeckte Säulen- und Gebälkkonstruktionen. Stützenhallen wurden später in Rom und in Byzanz nicht mehr für repräsentative Zwecke angewendet. Doch als Lagerräume, als Palastfundamente oder auch als Zisternen fanden sie häufige Anwendung. Da diese Räume durchwegs unterirdische Hallen waren, wählte man oft Pfeiler als Stützen, die man durch Bogen und Tonnengewölbe miteinander verband. Dies war hauptsächlich in der römischen Architektur der Fall. In Byzanz hingegen wurden als Stützen antike Säulen verwendet. Die übliche Wölbungsform waren Kreuzgratgewölbe. In diesen unterirdischen Räumen wurden so freistehende Säulen zum ersten Mal zum Träger des Gewölbes.

Die früharabischen Moscheen haben in der Regel eine Flachdecke. Moscheen mit schlanken Säulen und unmittelbar auf dem Gebälk ruhender Flachdecke gehören zu den Uranfängen der islamischen Bautätigkeit und bleiben nur auf die persischen Provinzen beschränkt (vgl. S. 8). Doch in Syrien, Mesopotamien und Nordafrika wurde es sehr bald zur Tradition, die Stützen *nur in einer Richtung* mit einer Bogenwand zu verbinden. Konstruktiv betrachtet unterscheiden sich die arabischen Bethallen von den vorangehenden byzantinischen Hypostylhallen vor allem dadurch, daß hier die Last der Decke *nicht unmittelbar* von den Stützen getragen wird. Auf der Bogenreihe erhebt sich eine dünne, 1,5 bis 2 Meter hohe Wand. Die Last wird von dieser Wand aufgefangen und verteilt sich gleichmäßig in ihr. Sowohl bei den Apadanas wie auch bei den gewölbten Hypostylhallen empfangen die Stützen die Last direkt und „punktuell“, während bei den arabischen Bethallen die Last der Decke durch Vermittlung der Bogenwand auf die Stützen übertragen wird. Als Träger einer glatten, kontinuierlichen Wand sind die Arkaden der Bethallen eher mit der Hochschiffwand der frühchristlichen Basilika verwandt als mit den Konstruktionssystemen der Hypostylhallen.

Die Raumform war also keine rein arabische Bauidee – auch die Bauteile der meisten Moscheen (Säulen und Kapitelle) bestanden aus Spolien. Durch die neue Gestalt der Tragewand entstanden jedoch bereits im 8. Jahrhundert neuartige Tragekonstruktionen. Es gelang den arabischen Baumeistern, mit dem vorgefundenen Material eigene Tragesysteme zu entwickeln. Ihr Verdienst war, architekturgeschichtlich gesehen, die Verwirklichung einer neuen Raumkonzeption, in der die traditionellen Elemente, Säule, Bogen und Wand, auf eine neue Art in Zusammenhang gebracht wurden.

Die Analyse der frühislamischen Tragewände wird mich unvermeidlich zu Konfrontationen mit den

Damaskus, Giebelfragment aus dem alten Tempelbezirk (nach Vogüe).

Konstruktionsmethoden der vorangehenden Tragesysteme führen, deshalb scheint es mir notwendig, ihre Geschichte hier zu rekapitulieren. Wenn ich im folgenden den Versuch unternehme, einen Überblick über die vorislamischen Tragewände innerhalb des Mittelmeerraumes zu geben, so ist damit keinesfalls eine lückenlose Inventaraufnahme beabsichtigt. Die Bestandteile der arabischen Tragewände sind *Stütze* (Säule oder Pfeiler), *Bogen* und *Wand.* Daher werden mich im folgenden nur die Erscheinungsformen und die Wandlung dieser Elemente beschäftigen:

1. Die Entstehungsgeschichte der Pfeilerarkaden.
2. Die Verbindung des Rundbogens mit der Säule.
3. Die Entstehungsgeschichte der Säulenarkaden.

Die verschiedenen Wandstrukturen in der römischen Architektur

Versucht man, die verschiedenen Erscheinungsformen der Wand in der römischen Architektur zu überblicken, so ist festzustellen, daß Pfeilerarkaden von Anfang bis Ende eine sehr wichtige Rolle spielen. Säulenarkaden hingegen gehören zu den späteren Erscheinungen. Frühestes Beispiel, das man rekonstruieren konnte, befindet sich in Pompei (im Haus des Meleager, um 70 v. Chr.). Doch ist dies ein Einzelfall, die Atrien der pompeianischen Villen waren in der Regel von Kolonnaden umgeben. An den Längswänden des großen Eßsaales in der Hadrian-Villa in Tivoli kommen Säulenarkaden vor, aber auch hier bleibt dieses Motiv ein Einzelfall. Erst im 3. Jahrhundert wird das traditionelle Kolonnaden-Motiv an einigen Monumentalbauten durch Säulenarkaden ersetzt: im Severischen Forum in Leptis Magna und im Diokletianpalast in Spalato.

Pfeiler- und Säulenarkaden gehören in der römischen Architektur anfänglich nicht zum Innenraum. Diese beiden Motive, die später für die frühchristlichen Kirchenräume und für die islamischen Bethallen eine große Bedeutung erhalten werden, entfalten sich jenseits der Gestaltungsprobleme des Innenraumes. Nicht nach Baugattungen, sondern rein nach ihrer tektonischen Struktur kann man die Erscheinungsformen der römischen Wand in fünf Hauptgruppen einteilen:

1. Die Wand als Außenseite eines ein- oder mehrstöckigen Pfeiler-Gewölbekomplexes (die Außenwände der Arenabauten und die Fassaden der Tempel- oder Palastsubstruktionen).
2. Die Wand als eine Folge von frei in den Raum gestellten Pfeilerarkaden (Aquädukte und Brükken).
3. Die Wand als die vorgeblendete Schauseite eines ungegliederten Mauerkörpers (Bühnenhäuser, Nymphäen).
4. Die Wand als Innenseite einer Umfassungsmauer (die Innenwandgestaltungen der Tempel, Basiliken und Palasträume).
5. Die Wand als „Raumschale“, d. h. als eine dünne, von Fenstern durchbrochene „Scheibe“ zwischen dem Innen- und Außenraum.

Bei den Wandgruppen 1, 2 und 5 bilden *Pfeiler und Bogen* die Hauptbestandteile. Die Erscheinung der Säule beschränkt sich in der römischen Architektur nur auf die Gruppen 3 und 4. Die Schauwände (3) und die Innenwände (4) erscheinen zwar optisch als Säulen-Architravkonstruktionen, doch diese Elemente strukturieren nur die Wandoberfläche, aber nicht die Wand selbst. Ihre Funktion an diesen Wänden bleibt eher dekorativ.

Im Zusammenhang mit meiner Fragestellung nach der Entstehung der Säulenarkaden ist die Gruppe 4 besonders wichtig. Hier an den Innenwänden der Paläste und Tempel wird zum ersten Mal versucht, den Rundbogen mit einem Säulenpaar zu einem neuen architektonischen Motiv zu verbinden, anfänglich als Einzelmotiv und erst später als eine kontinuierliche Arkadenreihe.

1.

2.

Die Grundrisse der Hallenbauten sind kaum voneinander zu unterscheiden. In einem Mauergeviert wiederholen sich Reihen von Stützen in regelmäßigen Abständen. Doch den Charakter des Raumes bestimmt nicht allein diese Grundrißordnung. Die eigentlich raumdefinierenden Faktoren sind Gestalt, Dimensionen und Material der Stützen sowie die Form der Decke, der die Stützenreihen als Träger dienen.

Die altpersischen Apadanas mit ihren hohen, schlanken Säulen waren Palasthallen, Räume in denen sich das höfische Zeremoniell abwickelte. Hypostyle Palastsäle sind im Westen kaum bekannt. Gewölbte unterirdische Hallen als Zisternen hingegen waren typisch für den Mittelmeerraum. Ihre Funktion (Wasserbehälter) schloß von vornherein aus, daß sich Menschen darin aufhielten.

1. Persepolis, Die Halle der Hundert Säulen. Rekonstruktion von Charles Chipiez.
2. Castel Gandolfo, römische Zisterne. Stich von G. B. Piranesi.

3. Rom, Staubecken bei Albaner See. Stich von G. B. Piranesi.

4. Castel Gandolfo, das Innere der Zisterne (vgl. Abb. 2). Stich von G. B. Piranesi.

5. Istanbul, die Zisterne Binbirdirek.

G. B. Piranesi hat die Zisternen in der Umgebung von Rom genau studiert. Seine Vermessungen hat er nicht nur in Grund- und Aufrißzeichnungen festgehalten, er hat die Innenräume auch perspektivisch dargestellt, als wären sie zerfallene Palasthallen. Ein Vergleich der arabischen Bethallen mit Piranesis römischen Raumbildern läßt die Eigenart der Moscheenräume deutlich hervortreten:
Die Stützenreihen der arabischen Bethallen sind auch, wie die der Zisternen, durch Rundbogen miteinander verbunden. Doch die Wand, die sich über die Bogenreihen erhebt, verändert den Charakter der Halle wesentlich: Mit der Einführung der Tragewand in die Hallenarchitektur wird der Raum- und Lichtfluß rhythmisiert, das Hintereinander der Bogenwände bewirkt zugleich eine überraschende Vielfalt von Überschneidungen und perspektivischen Verschiebungen.

6. Istanbul, die Zisterne Binbirdirek, Deckenwölbungen.

7. Kairo, Ibn-Tulun-Moschee.

8. Kairo, Al-Azhar Moschee.

9. Rom, Kolosseum.

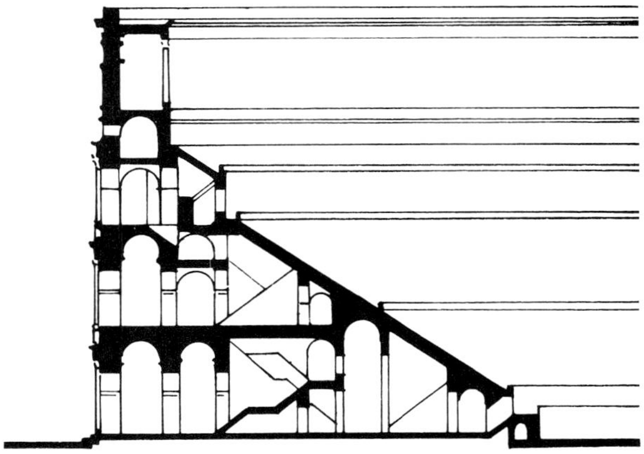

10. Rom, Kolosseum, Schnitt.

1. Die Außenseiten der Arena und der Substruktionen:

Im Prinzip bestehen diese Wände aus einer Addition von neben- und übereinandergestellten Pfeilerarkaden, die an ihrer Rückseite mit einer Mauer – oder mit einer weiteren Arkadenreihe – durch ein Tonnengewölbe verbunden sind. Da sie keinen Innenraum fassen, können sie theoretisch sowohl in der horizontalen wie auch in der vertikalen Richtung beliebig erweitert werden.

Die Arena erhält zwar eine Art von Innenraum, doch dieser kraterartige Zuschauerraum, der von Sitzstufen umgeben ist, ist in seiner Gestalt von der Struktur des äußeren Arkadengerüstes nicht direkt abhängig. Zwischen dem „Inneren" der Arena und ihrer Fassade steht eine mehrschiffige und drei- bis vierstöckige Bogenhalle, die nach innen abgetreppt ist und im Querschnitt ein Dreieck bildet.

Bei den Substruktionen begegnet uns eine andere Variante der Pfeilerarkaden. Diese stehen vor den Stützmauern der Geländeterrassierungen und sind mit ihr durch ein Tonnengewölbe verbunden. Die Arena von Pompei (1. vorchristliches Jahrhundert) hat an den Außenmauern nur einstöckige Pfeilerarkaden. Die Erweiterung des Umfangs führte bei

11. Rom, Substruktionsbogen des Palastes von Septimius Severus.

12. Pompei, Amphitheater.

den späteren Arenabauten dazu (Kolosseum, die Arena von Nîmes und von Arles), daß man, um eine bessere Gewichtsverteilung zu erreichen, mehrstökkige Bogenhallen zu bauen begann.
Den Arkaden der Arena- und der Substruktionsmauern ist gemeinsam, daß ihre Gestalt ein Ergebnis statischer Überlegungen ist. Später sind aus diesen rein konstruktiv gedachten Formen architektonisch meisterhaft gestaltete Schauseiten entstanden, wie zum Beispiel die Fassade des Kolosseums in Rom oder die Tempelterrassen in Praeneste. Diese Art von kontinuierlichen Pfeilerarkaden sind rein römische Erfindungen. Man entwickelte diese Konstruktionsform, um einem Horizontalschub auf eine sicherere Art Widerstand zu leisten. Die auf Leon Battista Alberti zurückgehende Definition der Pfeilerarkade als „eine Auflösung der Wand" stimmt also nicht in bezug auf Arkaden der Arenabauten und Substruktionen. Als Konstruktionssysteme sind sie niemals als „Auflösung", sondern vielmehr als *Kondensierung* des Mauerkörpers zu verstehen. Vor allem im tektonischen Sinne können sie nicht als „zurückgebliebene Teile" der Mauer betrachtet werden, weil dieses System primär einen Gerüstcharakter hat, d.h. aus einem Komplex von Pfeiler, Bogen und Gewölbe besteht.

13.

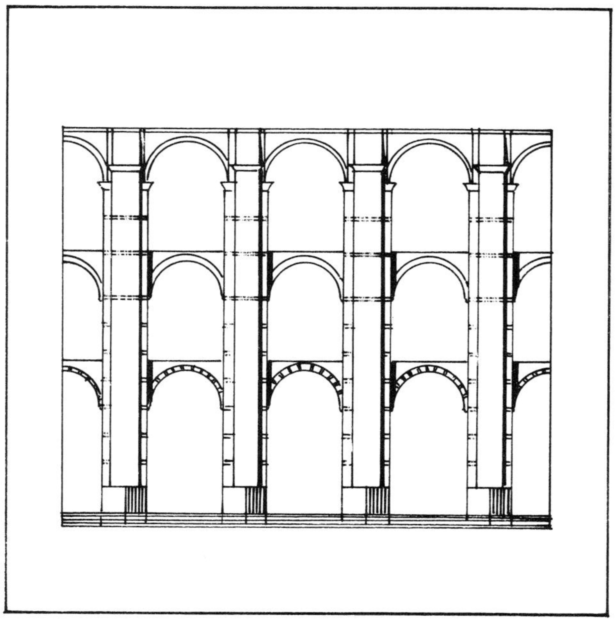

14.

15.

Pfeiler und Rundbogen werden in der römischen Architektur grundsätzlich auf zwei verschiedene Arten zusammengefügt: Entweder werden durchgehende Bogenreihen übereinandergestellt (Abb. 13), oder es wird eine sehr hohe Arkadenreihe aufgestellt, deren Pfeiler in der Mitte durch einzelne Bogen miteinander verbunden werden (Abb. 14).
Die beiden Konstruktionsprinzipien werden als solche, d. h. unabhängig von der Funktion entwickelt, die der Bogenwand innerhalb des Bauganzen zukommt. Nicht nur an den freistehenden Aquäduktbauten wendete man abwechselnd diese beiden Konstruktionsweisen an, auch die Arkadenwände der Amphitheater und Substruktionen wurden sowohl nach dem ersten wie nach dem zweiten Prinzip konstruiert.

16.

13. Konstruktionssystem von Pont du Gard, bei Nîmes.
14. Konstruktionssystem des römischen Aquädukts „Los Milagros" bei Merida.
15. Rom, Substruktionsmauern von Palast des Septimius Severus. Stich von Luigi Rossini.
16. Rom, Fassadenteil vom Kolosseum, ohne das gliedernde Halbsäulen / Architrav-Netz.

17. Rom, Fundamente der Curia Hostilia, Bauaufnahme und Stich von G. B. Piranesi.

18. Rom, Aqua Giulia. Stich von G. B. Piranesi.

2. Zur zweiten Gruppe gehören die Aquädukte und die Brückenbauten

Rein formal unterscheiden sich diese kaum von der ersten Gruppe. Doch statisch funktionieren sie völlig anders: Sie sind nicht in ein dreidimensionales Wand- oder Gerüstsystem einbezogen. Als eine Kette von frei im Raum stehenden Pfeilern und Bogen spannen sie sich zwischen zwei Talseiten; je nach der Tiefe des Tales, ein- oder mehrstöckig. Ihre Aufgabe ist die Überführung eines Weges oder einer Wasserleitung. Das statische Bezugssystem erschöpft sich hier also im *Linearen.* Weil diese Konstruktionen nicht einem seitlichen Schub ausgesetzt sind, spielt sich hier das Verhältnis vom Druck und Zug im Zweidimensionalen ab. Statisch betrachtet sind sie in sich gespannte und selbsttragende Systeme. Im Laufe der römischen Baugeschichte haben sich zwei Grundtypen von solchen Überbrückungskonstruktionen entwickelt:

1) Hohe Pfeilerarkaden mit einer Reihe von Verbindungsbogen auf der mittleren Höhe (Aquädukte von Cherchel, Merida).
2) Zwei oder drei übereinandergebaute Reihen von Pfeilerarkaden (Pont du Gard).

Bei der ersten Gruppe, deren Konstruktionsprinzip ich als „divisiv" bezeichnen möchte, bilden die hohen Pfeiler und die obere Bogenreihe eine Einheit – die untere Bogenreihe ist bloß eine konstruktive Ergänzung zur Stabilisierung des Ganzen. Beim zweiten Typus hingegen ruht eine Bogenreihe auf der anderen. Die zweite Bogenreihe ist ohne die untere unvorstellbar. Der Konstruktionsvorgang ist hier ein „additiver".

19. Sabratha, Bühnenwand des Theaters.

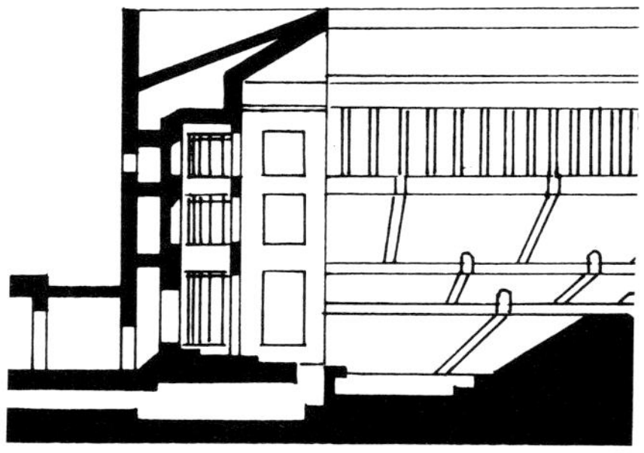

20. Sabratha, Theater, Schnitt durch das Bühnenhaus.

3. *Die Wand als Schauwand*

Die Innenseite der Bühnenhäuser und der Nymphäen sind Beispiele für das Gestaltungsprinzip der römischen Schauwand. Die Schauseite einer massiven Mauerfläche wird hier mit einer freistehenden Säulenarchitektur versehen. Die Säule erscheint zwar optisch als das maßgebende Element, erfüllt jedoch keine statische Funktion. Das Säulen- und Architravnetz ist der Mauer bloß vorgeblendet. Es ist eigentlich nur eine „Scheinarchitektur". Da diese vorgeblendeten Säulenwände keine statische Funktion haben, konnten hier die Architekten phantasievolle Variationen zum Thema Säule/Architrav entfalten; es entstanden sehr komplexe Zusammenstellungen, die in der realen Architektur bisher nicht gewagt wurden. Der Erscheinung nach sind diese Säulen/Architravgefüge selbsttragende architektonische Systeme. Dieser Eindruck wird vor allem dadurch verstärkt, daß die untersten Säulenreihen frei vor der Mauer stehen (Theater von Sabratha und von Aspendos, Nymphäum von Milet usf.). Statisch ist es jedoch unwahrscheinlich, daß diese mehrstöckigen, jeweils über 50 Meter hohen Fassaden ohne eine Stütze von außen Bestand haben können. Tatsächlich lehnen sie an der Mauer, als deren „Schmuck" sie erscheinen.

Hier an dieser hellenistisch inspirierten Erscheinungsform der römischen Wand bleibt der Rundbogen meistens ausgeklammert. In Aspendos und Ephesus tritt zwar der Segmentbogen in Erscheinung, doch nicht in direkter Verbindung mit dem Säulenpaar, sondern bloß als Rundgiebel.

21.

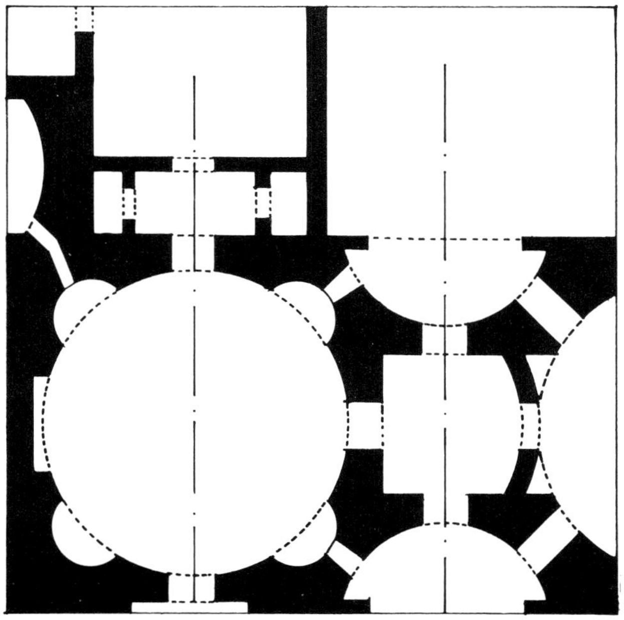

22a.

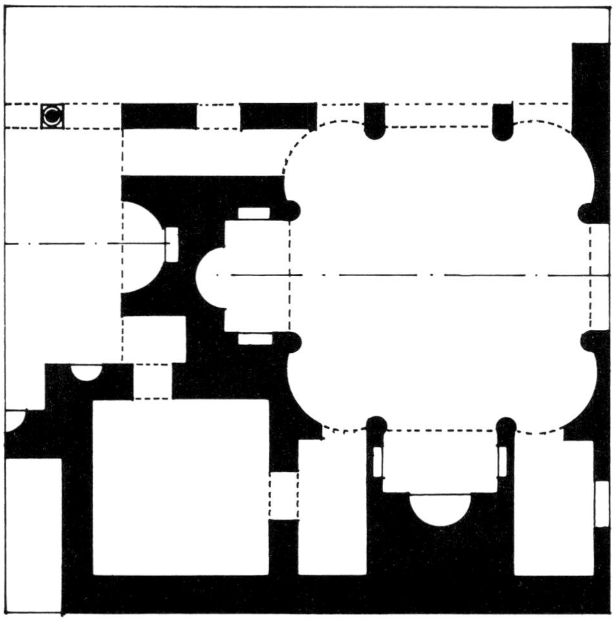

22b.

4. Die Wand als Hülle des Innenraumes

Bei dieser Gruppe handelt es sich um die gegliederten Innenflächen einer Mauer, die einen Raum umschließen, z. B. die Innenwände der Tempel oder der Palasträume. Säule und Architrav erscheinen hier als wandgliedernde Elemente. Freistehend oder als Halbsäulen, ein- oder mehrstöckig bilden sie eine den Raum begrenzende „Schicht". Seit dem Ende des 1. Jahrhunderts wurden auch die Arenafassaden mit Halbsäulen und Architrav versehen (Kolosseum u. a.). Doch dies war eine Zugabe, die die Struktur des Pfeilergerüstes unterstrich. Bei den Innenräumen besteht hingegen zwischen der Mauer und ihrer Flächengestaltung *kein* zwingender Zusammenhang.

21. Rom, Domus Augustiana.
22. Rom, Grundriß-Ausschnitte von Domus Augustiana (a), und den Thermen des Agrippa (b).

23. Rom, großer Kuppelsaal von Domus Aurea.

24. Tivoli, ein Kuppelsaal in Hadrians Villa.

Man könnte sich die Innenwände vom Pantheon oder die Innenflächen der Rundsäle der Hadrian-Villa auch anders proportioniert und gestaltet vorstellen. Bei der Bestimmung der Proportionen dieser Wände waren die Architekten völlig frei. Die kompakte, selbsttragende Mauermasse bietet hier die Möglichkeit, „ausgehöhlt" oder „modelliert" zu werden. Es können in ihr tiefe Rundnischen, sogar Seitenräume eingelassen werden (Domus Aurea). In gewissen Fällen werden die Außenwände in kleinem Abstand von einer zweiten Außenmauer umringt (Diana-Tempel in Nîmes, Bibliothek in Ephesus), sicherlich eine Verstärkungsmaßnahme gegen den Schub der Wölbung. Charakteristisch für diese Art von Wänden ist die Fensterlosigkeit. Trotz scheinbarer Ähnlichkeit können diese Wände nicht in die Gruppe der Schauwände eingereiht werden. Man kann sie nicht als eine Summe von vier Schauwänden betrachten. Kaschnitz von Weinberg, der sich mit Strukturen der römischen Wand sehr intensiv auseinandergesetzt hat, sieht den Ursprung dieser Art von Wandgestaltung in den zum Grab oder Tempel gestalteten Höhlen des Neolithikums (Malta, Sardinien), also in *unterirdischen* und *unregelmäßigen* (nicht rechtwinkligen) Räumen. Nicht im Gegenüberstehen und Anschauen, sondern in der Erfahrung des *Drinseins* liegt nach Kaschnitz' Auffassung der Ursprung der römischen Innenwand: „Der Akt der Grenzgebung ist Ausgang aller räumlicher Formung"[6]. Im umhaft erfahrenen Raum entstand zuerst das Bedürfnis, dem Ganzen Maß und Gestalt zu geben. In geschlossenen „körperhaft" empfundenen Räumen wurden anfänglich die Innenflächen des Felsens zur „Hülle", zur „Haut" verwandelt. Später, in der Architektur der Kaiserzeit, ersetzten massive Mauern die Felsen.

Bis zum Anfang des 2. Jahrhunderts blieben die Palast- und Tempelwände tatsächlich fensterlos. In vielen Gebäudekomplexen werden Räume ineinander verschachtelt, verschiedene Mauerschalen inein-

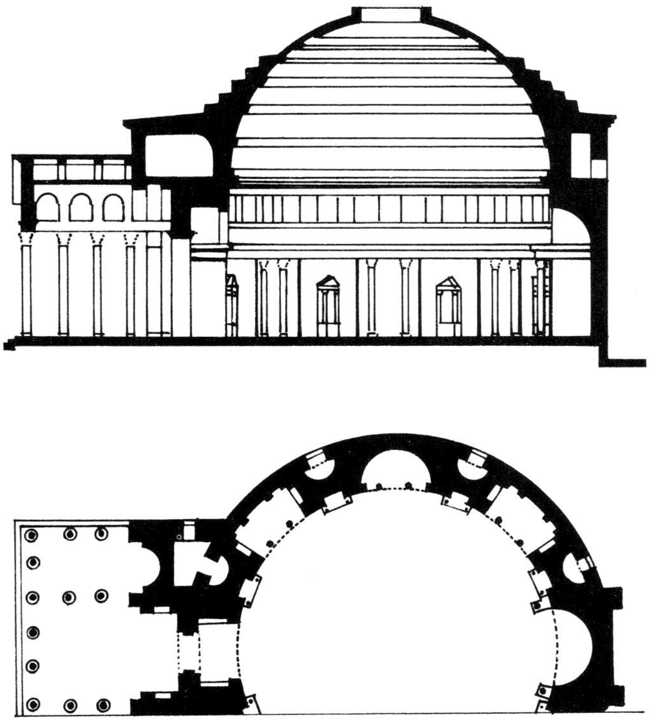

25. Rom, Pantheon, Schnitt und Grundriß.

Der Palast von Nero, die Domus Aurea, war im südlichen Hang des Esquilin-Hügels eingebettet. Seitliche Beleuchtung durch Fensteröffnungen war hier also nur beschränkt möglich. Die einzige Lichtquelle des großen oktogonalen Kuppelsaales war eine große Öffnung am Kuppelscheitel. Aber auch da, wo eine solche „Höhlensituation" vom Gelände her nicht gegeben war, schuf man sie künstlich. In Hadrians Villa in Tivoli, in der die einzelnen Räumlichkeiten wie Eßsaal, Bibliothek, Bad usf. als freistehende Baueinheiten in die Gärten verteilt sind, herrscht diese altrömische Mauerstruktur zum Teil noch weiter. Die Wände der meisten Kuppelsäle sind anstatt mit Fenstern mit Nischen versehen, und die Räume werden von der Scheitelöffnung her beleuchtet. Der im Raum Weilende nimmt die Raumgrenzen als plastische, durchartikulierte Voll- und Hohlkörper wahr, die Tiefe der Mauer und die Gestalt ihrer Rückseite kann er aber nicht erraten. Diese Tradition findet im Pantheon sowohl architektonisch wie auch konstruktiv ihren Höhepunkt. Im Venusund Roma-Tempel in Rom, auch ein hadrianischer Bau, werden die Mauern der Cella ebenfalls nach dem gleichen Prinzip gestaltet (Abb. 26). Hinter den nach griechischem Vorbild gestalteten Säulenhallen erhebt sich ein massiver Backsteinbau, dessen Mauern nur an der Innenseite durchgestaltet sind.

ander verschoben. Zwischen dem Innen- und Außenraum wird stets eine künstliche Höhlensituation geschaffen. Auch in den von außen gesehen rechtwinkligen Bauten spielen die inneren Ein- und Ausbuchtungen eine sehr wichtige Rolle (Roma- und Venus-Tempel, Domus Augustiana, Domus Aurea). Der Rundbogen tritt bei diesen Innenwänden als Abschluß der Rundnischen oder der tonnengewölbten Seitenräume in Erscheinung. Eines der frühesten Beispiele der Verbindung des Tonnenbogens mit einem Säulenpaar finden wir in der „Casa delle Nozze d'Argento" in Pompei. Eine Symbiose von Rundbogen, Architrav und Säulenpaar in monumentalem Ausmaß ereignet sich jedoch zum ersten Mal im Pantheon. Zum ersten Mal in der Geschichte der römischen Architektur erscheint der Rundbogen *über* dem Architrav. Diese Verbindung bleibt aber auf die optische Ebene beschränkt. In Wirklichkeit ist im Pantheon der Rundbogen im Mauerkörper eingebettet. Die vor der Wand stehenden Säulen tragen nur den vorkragenden Architrav.

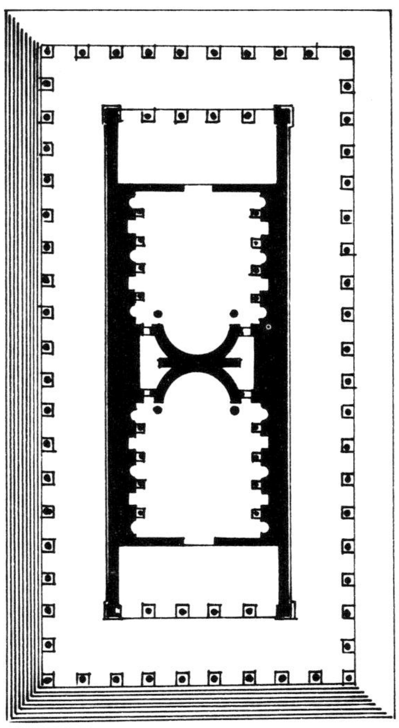

26. Rom, Grundriß des Tempels der Venus und Roma.

5. Die Wand als Raumschale

Die Wand als dünne, abgrenzende „Scheibe" zwischen Innen- und Außenraum tritt zuerst in den römischen Zweckbauten in Erscheinung: In den Wohnhäusern, Markthallen und in den Basilika- und Thermenbauten. Tektonisch erfüllt sie verschiedenartige Funktionen. In Trajans Markt in Rom erscheint sie beispielsweise als Fensterwand, in der Maxentius-Basilika als Schildwand. Welche Funktion sie im Bauganzen immer auch erfüllen mag, ihr eigenes – internes – Konstruktionsprinzip bleibt konstant: Sie besteht aus einem Gefüge von ein- oder mehrstöckigen *Pfeilerarkaden.*

Für Hans Sedlmayr, der die Strukturen der spätantiken Wände eingehend untersucht hat, ist die früheste repräsentative Erscheinung der Fensterwand in der konstantinischen Palastaula in Trier zu finden. Sedlmayr sieht hier den ersten Schritt zur „Nobilitierung der nackten Wand"[7], die durch ihre „unkörperliche und lichthafte Gestalt" später für den christlichen Kirchenbau so wichtig werden sollte. Diese Feststellung von Sedlmayr gilt nur für die Innenseite dieser Wand, welche mit ihrer völlig glatten Oberfläche und den großen Fenstern tatsächlich ein Novum in der Architekturgeschichte darstellt. In ihrer Grundstruktur sind aber die Wände der Trierer Aula nichts anderes als eine Folge von hohen Pfeilerarkaden, deren Öffnungen mit dünnen, nur auf der Innenseite bündigen Fensterwänden gefüllt sind. Konstruktiv betrachtet sind die Bogen der unteren Fensterreihe Verbindungs- und Aussteifeelemente, ähnlich den unteren Bogenreihen der Aquädukte von Cherchel oder Merida.

In der Trierer Aula geschieht jedoch eine neuartige Symbiose zwischen den tragenden Arkaden und der Füllwand. Von innen betrachtet, sind die Raumgrenzen ohne jede plastische Zutat. Alles Körperliche wird nach außen verdrängt. Doch von außen bleibt die statische „Rollenverteilung" zwischen Gerüst und Füllung deutlich erkennbar. Im Prinzip waren solche hohen Pfeilerarkaden nichts Neues für die römische Architektur. Beispiele dafür sind die Arena von Pompei oder etwa die Arkaden des Nymphäeum der Domus Augustiana. Bei Verwandlung ihrer Funktion von Pfeilerarkaden zur Raumschale werden die Pfeiler nun schlanker und flacher. Statisch wird es notwendig, sie auf der mittleren Höhe zu verstärken. So entsteht eine Wandstruktur, ähnlich derjenigen, die ich im Zusammenhang mit Aquäduktkonstruktionen „divisiv" genannt habe. Dieser Wandtypus kommt in Rom auch in anderen Formen vor, im Caesar-Forum z. B. als Steinkonstruktion mit geradem Verbindungsbogen; in Trajans Markt als Backsteinkonstruktion mit abgeflachtem Rundbogen usf. Bei diesen Wänden kann nicht von mehrgeschossigen „additiven" Pfeilerarkaden gesprochen werden. Die Pfeiler steigen durch die Stockwerke hindurch, um oben durch Bogen verbunden zu werden. Diese Systeme bestehen nicht aus übereinander gebauten, selbständigen Arkadenreihen, sondern aus einer einzigen hohen Bogenreihe, die horizontal unterteilt ist. Neben diesem System lebt aber auch die „additive" Arkadenwand weiter. Beispiele dazu wären: Die Fassaden der Villa Sette Bassi an der Via Latina, die Fassaden des Stadttores und der Thermen in Trier; die seitlichen Füllwände der Maxentius-Basilika in Rom.

Welche Funktion solche „Scheibenwände" im Bauganzen auch zu erfüllen haben, ob ihre „interne" Struktur additiv oder divisiv konzipiert ist, sie erscheinen immer „nackt", d. h. *ohne* Säulen- und Architravbekleidung. Parallel zur Wandlung des massiven Mauerkörpers zur dünnen, nackten *Raumschale* entsteht eine für das römische Bauen neue architektonische Formkombination: *die Säulenarkade.*

27. Rom, Trajans Markt, mittlerer Trakt.

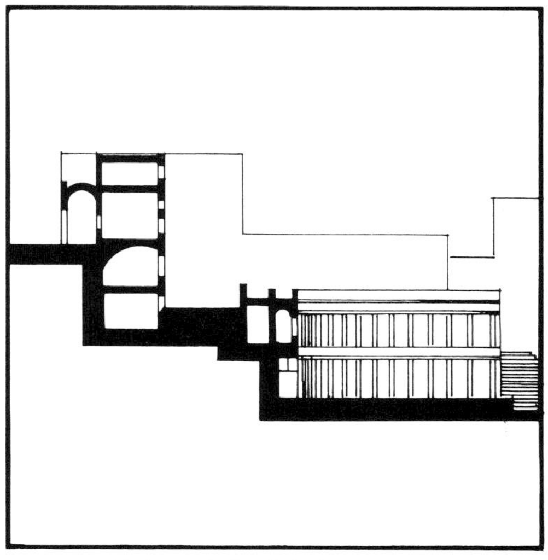

28. Rom, Trajans Markt, Schnitt.

29. Rom, Trajans Markt, Fassade des westlichen Lagerhauses.

30. Rom, Trajans Markt, Fensterwand von Innen.

Der Trajans-Markt in Rom wurde am südlichen Hang des Quirinal-Hügels gebaut. Im Prinzip eine ähnliche Hanglage wie die der Domus Aurea. Die konkave Fassade des mittleren Traktes (Abb. 27) wurde an den beiden Seiten von Lagerräumen flankiert (Abb. 29, 30). Der mittlere Trakt enthielt im Erdgeschoß Ladengeschäfte. Oben läuft ein Gang durch, der Zugang zu den Geschäften im oberen Stock gewährt und zugleich die beiden Lagerräume miteinander verbindet. Sowohl der obere Gang als auch die Lagerräume erhalten hier ihr Licht durch Fensteröffnungen.

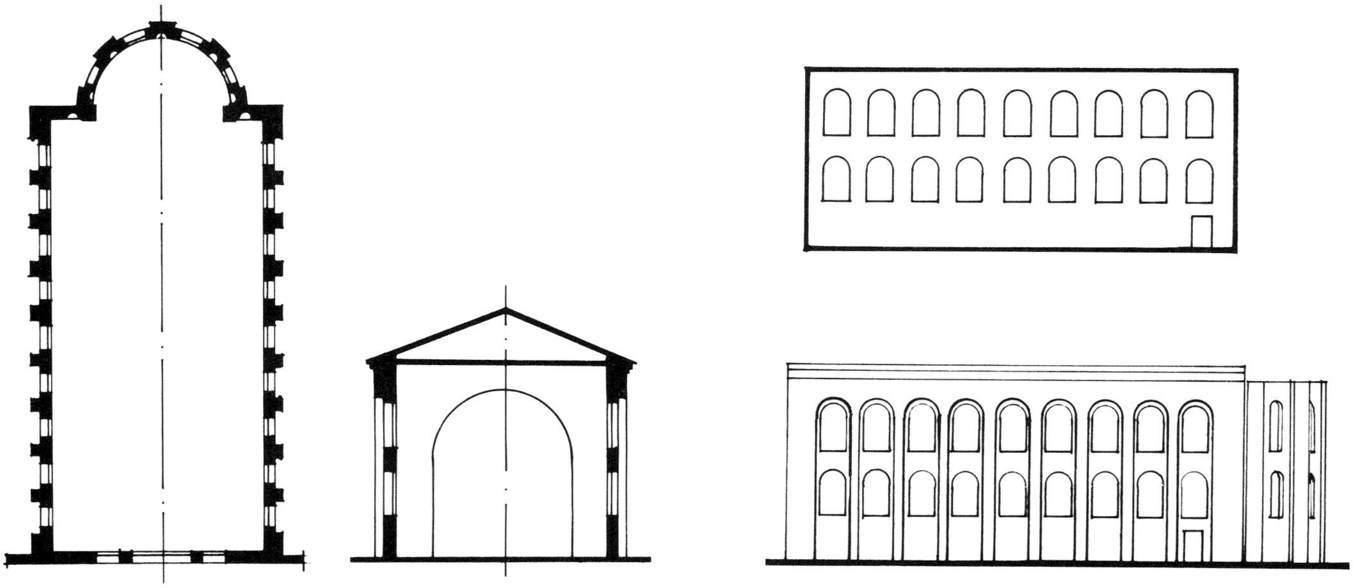

31. Trier, Palastaula, Grundriß, Schnitt und die Seitenwände von Innen und von außen.

Fensterwände werden anfänglich in der Profanarchitektur entwickelt. Ihre Anwendung an einem repräsentativen Bau findet erst in der konstantinischen Ära statt. Die Palastaula in Trier ist das früheste Beispiel dafür. Das Prinzip des „divisiven" Arkadensystems wird hier weiter artikuliert. Nicht einzelne Bogen verbinden die Pfeiler miteinander, sondern eine zwischen den Pfeilern eingespannte, dünne „Wandscheibe" erfüllt die Aussteifefunktion. Damit wird ein erster Schritt in ein neues Konstruktionsprinzip getan: Es entsteht ein übergreifendes Wandsystem mit tragendem Gerüst und Füllwänden.
Ein Vergleich mit den früheren römischen Bauten (Abb. 33, 37) macht diese neue Auffassung deutlich.
Verschiedene Varianten von übergreifenden Wandsystemen wurden auch an den Basilika- und Thermenbauten weiterentwickelt.

32. Rom, Domus Augustiana, Pfeilerarkaden an der nordöstl. Seite.

33. Trier, Palastaula.

34. Rom, Maxentius Basilika. Ostflügel.

35. Rom, Grund- und Aufriß der selben Wand.

36. Rom, Diokletians Thermen, Fensterwand.

37. Tivoli, Hadrians Villa.

38. Rom, Pantheon, die Vorhalle, Stich von G. B. Piranesi.

40. Hersha, Querschnitt durch den Tempel mit Ansicht des Adytons (nach Krencker).

◀ 39. Pompei, Haus des Meleager, ein restaurierter Teil der Hofarkaden.

Die Säulenarkade

Die erste repräsentative Anwendung der Säulenarkade finden wir im großen Speisesaal der Hadrian-Villa in Tivoli[8]. Im Forum des Septimius Severus in Leptis Magna erhalten die Säulenarkaden zum ersten Mal eine monumentale Dimension: 8 Meter hohe Säulen tragen hier eine Reihe von architravierten Rundbogen. Doch die spärlich erhaltenen Reste der römischen Bauten in den afrikanischen Provinzen zeigen, daß nach der severischen Ära Säulenarkaden keine Seltenheit mehr sind. Ein gut erhaltenes Beispiel sind die Grabmonumente aus der Nekropole von Ghirza (heute im Museum von Tripolis aufgestellt).

Freistehende Arkaden erscheinen auf dem europäischen Boden zum ersten Mal im Diokletian-Palast in Spalato. Sie umsäumen hier die beiden Seiten des Hofes, der zum Jupiter-Tempel führt.

Nach einer über Jahrhunderte dauernden strengen Trennung der „Paare“ Pfeiler/Bogen und Säule/Architrav wird die Säule von ihrer traditionellen Bindung an den Architrav befreit, und ihre Bindung mit dem Rundbogen wird „legitimiert“. Die Trennung der Säule vom Architrav führt nicht nur zur Bildung von Säulenarkaden, es entstehen dabei auch einige weitere, neue Architekturmotive, die im Laufe des 4. und 5. Jahrhunderts sowohl in der spätrömischen wie auch in der frühchristlichen Architektur angewendet werden. Zum Beispiel: der gebrochene oder verkröpfte Giebel; der Giebel, dessen Basis von einem Rundbogen unterbrochen ist, und der auf Säulen ruhende Rundbogen als Tor oder als Rahmen der Altarnische.

41. Tivoli, Hadrians Villa, Arkaden an der südlichen Schmalseite des Canopus.

42. Tivoli, Hadrians Villa, Eßsaal.

Die Archäologen vermuten, eines der frühesten Beispiele einer direkten Verbindung von Säule und Bogen wäre in Pompei, im Hause des Meleager, zu finden.
Der zum Bogen „gebogene" Architrav tritt zum ersten Mal in Hadrians Villa in Tivoli in Erscheinung. Es wird auch angenommen, daß freistehende Säulenarkaden in Hadrians Villa den mittleren Raum des Eßsaales umsäumten (Rekonstruktionen von H. Kähler).
Freistehende Säulenarkaden in monumentalem Ausmaß kommen auf dem europäischen Boden zum ersten Mal in Diokletians Palast in Spalato vor. Dieses Motiv wird hier zugleich für Fassadengliederungen angewendet (Abb. 43).

So wird in der spätrömischen Architektur wiederum eine neue Art von Wandgliederung entwickelt, die später sowohl in der frühchristlichen Architektur Syriens wie auch an den Fassaden der romanischen Kirchen im Westen eine wichtige Rolle spielen wird.

43. Spalato, Diokletians Palast, Porta Aurea, Zeichnung von Robert Adam.

44. Spalato, Diokletians Palast, Ansicht vom Hafen aus. Zeichnung von Robert Adam.

45. Spalato, Diokletians Palast, das Peristyl, Zeichnung von Robert Adam.

46. Leptis Magna, Arkaden am Forum des Septimius Severus (a) und Spalato, Arkaden im Hof von Diokletians Palast (b).

47. Schmalseite einer etruskischen Aschenurne, Museo Archeologico, Florenz.

48. Rom, Bogen des Septimius Severus, Stich von Luigi Rossini.

49. Leptis Magna, Bogen des Septimius Severus, Rekonstruktion von G. Ioppolo.

Exkurs über den Triumphbogen

Die Geschichte des Konfliktes zwischen Säule/Architrav und Pfeiler/Rundbogen kommt nirgends so rein zum Ausdruck wie in der Geschichte der römischen Triumphbogen. Auf die Entwicklung dieser Monumente näher einzugehen, würde die Grenzen dieser Arbeit überschreiten. Doch möchte ich am Schluß meiner Ausführungen über die römischen Wände einen kurzen Exkurs versuchen, weil. m. E. eine Rekapitulation der vorislamischen Wandstrukturen ohne die Geschichte der Triumphbogen unvollständig bleiben muß.

Diese Monumente bestehen aus zwei mächtigen Pfeilern, einem Rundbogen und einer Attika als Abschluß. Sie sind also im Prinzip eine „einzellige Pfeilerarkade". Die beiden „Schauseiten" werden mit Pilastern, Halbsäulen versehen, die über die Scheitelhöhe des Rundbogens hinauswachsen und sich mit einem Architrav verbinden.

Jacob Burckhardt schreibt in seinem „Cicerone" im Zusammenhang mit Triumphbogen von der „eigentlichen" Gestalt und von der „Bekleidung architektonischer und plastischer Art"[9]. Die Burckhardtsche Bezeichnung des Säulen/Architrav-Komplexes als „architektonische Bekleidung" ist hier sehr zutreffend, da das Verhältnis zwischen dem Baukern und der Säulen-Architravdekoration völlig willkürlich erscheint. Willkürlich, weil es sich hier weder um ein freies Variieren der dekorativen Elemente wie etwa an den Bühnenhäusern handelt, noch um eine strukturelle Entsprechung wie an den Arenafassaden. Der Triumphbogen ist im Grunde ein massiver Block mit einem Durchgang in der Mitte. Die Tonne als Durchgang bestimmt seine Gestalt. Die Formel aber, die hier als Fassadengliederung gewählt wird, entspricht nicht dieser Gestalt. So war es folgerichtig, wenn bei der „architektonischen Bekleidung" der Triumphbogenfassaden selten eine befriedigende Lösung gefunden werden konnte. Sollten die Schauseiten dieser Monumente nach dem tektonischen Aufbau des Kernes gestaltet werden, so müßten Pfeiler, Bogen und Attika durch horizontale Elemente voneinander abgegrenzt erscheinen. Ein solcher Versuch geschah aber erst am Schluß der Geschichte dieser Monumente, nämlich beim konstantinischen Tetrapylon auf Velabrum in Rom, also erst dann, als sich die Mauer von ihrer griechischen „Bekleidung" bereits gelöst hatte.

Über die Gestalt der frühesten Bogen in der Stadt

Rom sind keine genauen Dokumente erhalten. Die ältesten erhaltenen Bogen gehen auf die augusteische Zeit zurück: Susa, Pola, Rimini. Doch das Motiv des von Säulen flankierten Rundbogens findet sich bereits an den Schmalseiten der etruskischen Aschenurnen, jedoch bloß in ziselierter Form. Auf solche „gezeichneten" Architekturdarstellungen hinweisend, schreibt G. M. A. Hanfmann, einer der besten Kenner der etruskischen Kunst: „Hier bietet sich ein Einblick in die ungeheure Entwicklung, die die klassische griechische Architektur von Stütze und Last in die Bogen-Kuppel- und Gewölbe-Architektur des römischen Kaiserreiches verwandeln sollte"[10].
Sigfried Giedion, dem ich den Hinweis auf Hanfmanns Aufsatz verdanke[11], folgert, daß die Kombination von Rundbogen, Säulen und Architrav bereits in der sullanischen Zeit eine in der römischen Architektur übliche Wandgliederungsform war. Er sieht also in den ziselierten Platten die Darstellung einer landesüblichen Bauweise. Doch gibt es etruskische Urnen mit ähnlichen Säulendarstellungen, die noch älter sind.
Von Pylonen, Türmen oder Pfeilern flankierte Rundbogentore finden wir bereits auf den assyrischen und babylonischen Reliefdarstellungen. Diese Torform war im Osten sowohl als Stadttor wie auch als Palasttor üblich. Dieses Motiv wurde von den Etruskern nach Italien gebracht (Stadttore von Volterra und Perugia). Im Zusammenhang mit den Urnenfassaden scheint es mir wahrscheinlicher, daß der Gedanke, Rundbogentore mit Säulen einzurahmen, zuerst als „gezeichnete" dekorative Form in Erscheinung trat und später am Bau realisiert wurde. Auch die Idee, Pylonen durch feinere vertikale Elemente, nämlich durch Säulen zu beleben, wurde vermutlich nachträglich auf den Triumphbogen übertragen. Dies scheint mir umso wahrscheinlicher, wenn ich an die Schwierigkeiten denke, die später bei der faktischen Anwendung des Säulen/Architrav-Paares an den Triumphbogenfassaden auftraten.
Die Kombination des Kernbaus und der „architektonischen Bekleidung" war von Anfang an willkürlich. Einmal zusammengekoppelt, blieb es jedoch dabei: Es entstand eine Art Formel, die die Gestalt

50. Rom, Jaunus Quadrifrons, Stich von G. B. Piranesi.

51. Bogen in Qâlat-Seman, nach Vogüé.

des Triumphbogens für immer bestimmte. Im Laufe der Jahrhunderte kam es zwar zu verschiedenen Triumphbogentypen, bei keinem aber fand man eine Lösung, bei der der Grundkonflikt behoben werden könnte. Für die augusteischen Bogen ist es charakteristisch, daß der Rundbogen als Durchgang die Gesamtgestalt dominiert. In Susa beispielsweise scheinen die Säulen und der Architrav ohne jeglichen strukturellen Zusammenhang am Baukörper zu „kleben". In Pola werden die Säulen auf einen gemeinsamen Sockel gestellt, damit zeichnet sich ein Streben ab, Säule und Pfeiler zu einem einheitlichen Träger zu verschmelzen.
Beim Titus-Bogen in Rom kommt man auf eine glücklichere Lösung. Mit Ecksäulen und Sockel werden in der Tat zwei „Pylonen" gebildet, die als

52. 

53.

Der sog. Apollo-Tempel in Hadrians Villa in Tivoli und der Tolse-Tempel, beide von G. B. Piranesi als Ruinen gezeichnet (Abb. 52, 53), besaßen keine Fensteröffnungen. Die Fenster waren an den Rückseiten zugemauert und dienten als Nischen zur Gliederung der Wand. In Tivoli kann man heute noch beobachten, wie einige Rundbauten außen von dikken Backsteinmauern umgeben sind. Die Scheitelöffnungen dieser Kuppelräume weisen darauf hin, daß man hier nicht mit seitlicher Beleuchtung rechnete.

Erst an dem spätrömischen Rundbau Minerva Medica wird die Obergadenwand als eigentliche Fensterwand gestaltet (Abb. 54–56). Hier fehlt auch die Öffnung am Kuppelscheitel.

52. Tivoli, Hadrians Villa, der sog. Apollo-Tempel, Stich von G. B. Piranesi.

53. Tivoli, Tolse-Tempel, Stich von G. B. Piranesi.

54. Rom, Minerva Medica.

55. Rom, Minerva Medica.

Träger der Attika funktionieren. Gebälk und Attika verkröpfen sich entsprechend dem Rhythmus der Pylonen. Die Massenverhältnisse zwischen den Pylonen und der Attika erscheinen hier so gut ausgewogen, daß die Bedeutung des Bogens als Durchgang zurücktritt.

Im Laufe des 2. Jahrhunderts werden Triumphbogen mit drei Durchgängen häufiger. Nun lösen sich die Säulen allmählich von der Wand; ihre ursprüngliche Aufgabe, die Wand zu bekleiden, wird von Flachpilastern übernommen, die Säulen erhalten eigene Sockel. Der Trajans-Bogen in Timgad ist eines der frühesten Beispiele dieses Typus. Das gleiche Schema wird gegen Ende des Jahrhunderts am Septimius-Severus-Bogen in Rom wiederholt, später in Geresa und an den Konstantinsbogen in Rom. Mit der Loslösung der Säulen von der Wand kehrt die „architektonische Bekleidung“ zu ihrer eigentlichen Aufgabe zurück: Sie figuriert nun – wie bei den Bühnenhäusern – als reiner Fassadendekor.

56. Rom, Minerva Medica, Stich von G. B. Piranesi.

Die Verbindung der Säulenarkaden mit der Obergadenwand in der christlichen Architektur

Neben der Trierer Aula hat ein zweiter römischer Bau auf die Entwicklung der frühchristlichen Wand eine entscheidende Wirkung ausgeübt: der Rundsaal der sog. Minerva Medica in Rom (Mitte 3. Jahrhundert). Hier tritt die Obergadenwand zum ersten Mal voll in Erscheinung. Pfeilerarkaden tragen eine von Fenstern durchbrochene Wand, die das Gewölbe des Umgangs überragt. In diesem Saal wird ein Kuppelraum realisiert, der sein Licht von seitlichen, oben in die Wand eingelassenen Fenstern empfängt. Die Kuppelsäle der Domus Aurea, der Villa des Kaisers Hadrian, aber auch das Pantheon sind durch einen Okulus am Kuppelscheitel beleuchtete Räume. Dieses Von-oben-beleuchtet-Sein erweckt den Eindruck des Unterirdischen, Höhlenhaften. Mit der Einführung der Obergadenwand geht diese Eigenart verloren. Die Lichtführung durch Obergadenfenster wird später im christlichen Sakralraum zur Regel. In der konstantinischen Zeit werden *Säulenarkaden* und die *Obergadenwand* zu einem neuartigen Wandsystem zusammengefügt, und zwar zuerst in den Zentralräumen, dann in der Basilika. Im Laufe des 4. Jahrhundert entstehen verschiedene Varianten von Arkaden und Obergadenwand-Kombinationen: So z. B. im Lateranbaptisterium tragen Kolonnaden eine niedrige Reihe von Säulenarkaden; in der Anastasis-Rotunda in Jerusalem werden Pfeilerarkaden mit einer alternierenden Reihe von Säulen- und Pfeilerarkaden kombiniert. In Santa Constanza tragen radial gestellte Doppelsäulen die Obergadenwand. Charakteristisch für diese frühen Versuche in der konstantinischen Zeit ist die „Scheu", die Anfänger der Bogen mit den Säulenkapitellen *direkt in Verbindung* zu bringen. Im Lateranbaptisterium findet man eine ähnliche Lösung wie in der Vorhalle vom Pantheon: Zwischen den Säulen und den Rundbogen wird ein Architrav geschoben. In Santa Costanza finden wir zwar keinen durchgehenden Architrav mehr, doch „Teile" von ihm übernehmen die Funktion als Kämpfer zwischen Kapitellen und Bogen. Auch in der alten Santa Croce in Gerusalemme (Rom) sollen die querlaufenden Bogenwände eine ähnliche Struktur gehabt haben[12]. Nach dem Ende des 4. Jahrhunderts verschwinden Architrav oder an Architrav erinnernde Elemente zwischen Säule und Bogen.

Die Integrierung der Säulenarkaden in die Basilika geschah mit einiger Verzögerung. Zuerst traten sie an den Seitenschiffen in Erscheinung (die alte Lateranbasilika, die alte Peterskirche). In den Hauptschiffen dieser Kirchen lebt noch die klassische Vorstellung von Kolonnaden weiter. Vorbilder zur Kolonnadenwand waren in der altrömischen Architektur keine Seltenheit (die Substruktionsmauern von Praeneste und die Innenwände vom Pantheon sind zum Teil als Kolonnaden gestaltet). Bei diesen römischen Wänden war jedoch die Kombination von Wand und Kolonnaden nur auf die Schauseite beschränkt. Die Säulen an den Innenwänden vom Pantheon oder den Tempelterrassen von Praeneste tragen keine freistehende Wand. Was hier als eine Wandfläche in Erscheinung tritt, ist in Wirklichkeit die Oberfläche eines massiven Mauerkörpers, der unten „ausgehöhlt" ist. Die Fläche, die als Wand wirkt, ist hinten durch eine Tonne mit der Mauer verbunden. Die Säulen tragen nur einen Bruchteil der Last.

In der christlichen Basilika erhalten nun die Kolonnaden die Aufgabe, *eine freistehende Wand* zu tragen. Rein statisch gesehen eignen sich gewiß Arkaden besser für diese Funktion. Wir wissen nicht, ob die Hauptschiffe vom alten S. Peter und vom Lateran, die in dem Rekonstruktionsversuch als Kolonnadenwände dargestellt werden, zuerst als Arkadenwände konstruiert waren und die Rundbogen nachträglich mit einer Täfelung abgedeckt wurden. Das geschah vermutlich deshalb, weil um die Mitte des 3. Jahrhunderts die klassische Kombination von Säule und Architrav immer noch als feierlicher oder vornehmer

57. Praeneste, Tempel der Fortuna Primigenia, die östliche Exedra.

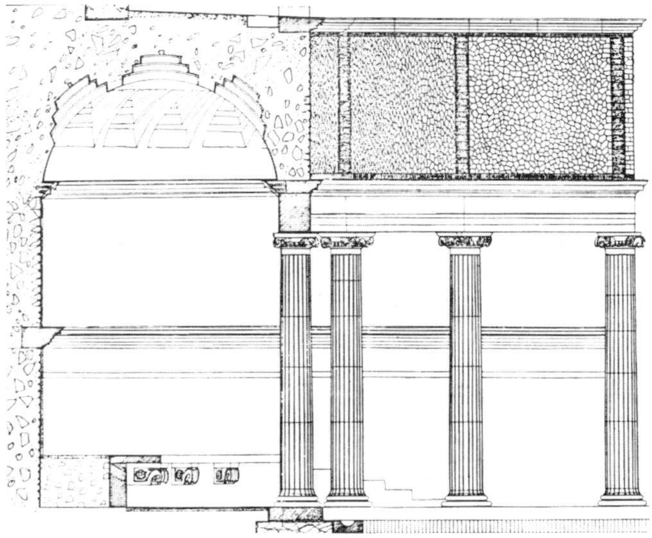

58. Praeneste, Schnitt durch die Exedra.

59. Tivoli, Hadrians Villa, Schnitt durch den äußeren Kolonnadenring der „Inselvilla" (Modell).

In der römischen Architektur war es eine alte Tradition, die Schauseite einer Stützmauer durch Kolonnaden aufzulokkern. Die Terrassen der Tempelanlage von Praeneste sind ein hervorragendes Beispiel dafür (Abb. 57, 58). In der „Inselvilla" Hadrians in Tivoli begegnen wir einer ähnlichen Wandstruktur: Eine Kolonnadenwand umgibt den ringförmigen Teich. Diese Wand diente zum Verdecken der Tonne, die sich dahinter wölbte. Auch hier, wie in Praeneste, war diese „Schauwand" mit der Tonnenwölbung zusammengewachsen (Abb. 59, 60). In der römischen Rundkirche Sto. Stefano Rotondo, etliche Jahre nach der Freilegung der Obergadenwand, lebt noch diese Tradition weiter. Doch nur der Erscheinung nach, denn die Wand, die von Kolonnaden getragen wird, ist hier bloß eine dünne Obergadenwand (Abb. 62, 63).

Die Sta. Costanza in Rom ist der früheste christliche Rundbau, in dem die Obergadenwand von Säulenarkaden getragen wird. Die ringförmige Tonnenwölbung über den Säulenumgang ist mit der Bogenwand zusammengewachsen. Obwohl hier Kolonnaden durch Arkaden ersetzt werden, ist der Architrav nicht gänzlich verschwunden: Als Säulenaufsätze bilden Architravfragmente den Übergang vom Säulenkapitell zum Bogen.

60.

61.

62.

63.

60. Tivoli, Hadrians Villa, der Kolonnadenring der „Inselvilla“.
61. Rom, Sta. Costanza.
62. Rom, Sto. Stefano Rotondo.
63. Rom, Sto. Stefano Rotondo.

Rom: Palast des Augustus.

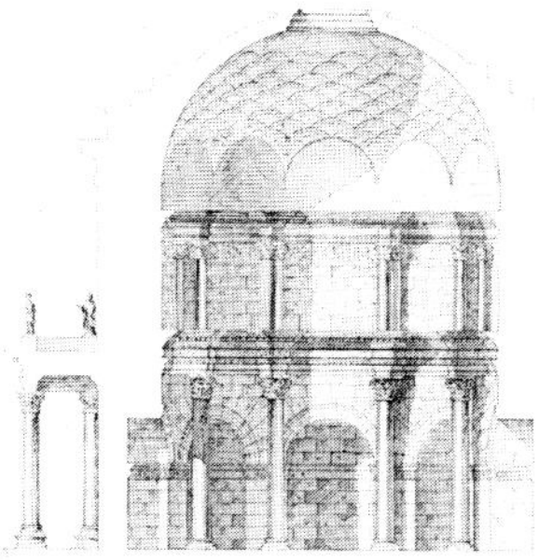

Spalato: Jupiter-Tempel.

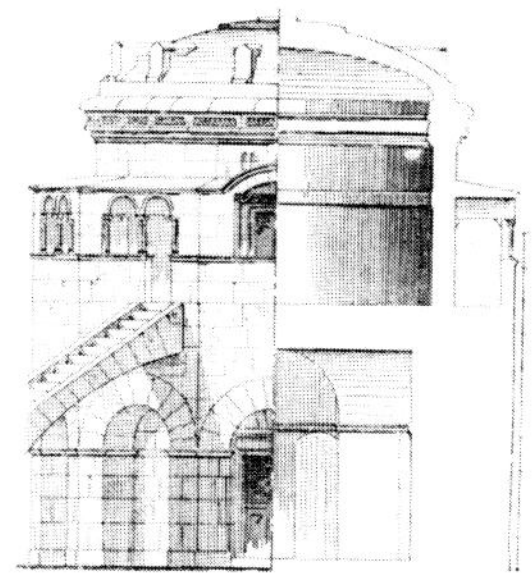

Ravenna: Grabmal Theoderichs.

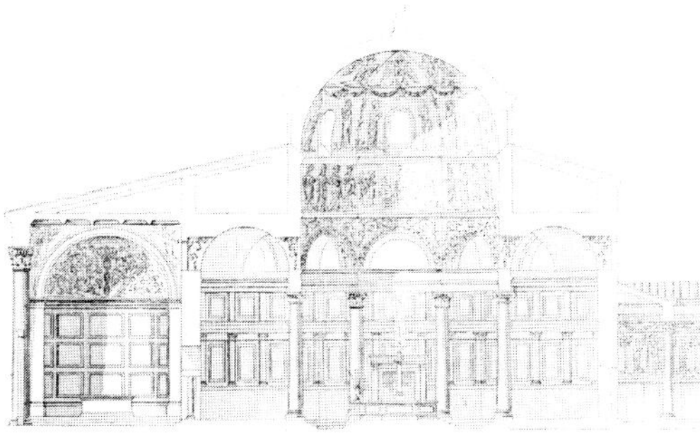

Rom: Lateranisches Baptisterium.

Nocera: Sta. Maria Maggiore.

64. Römische und frühchristliche Zentralbauten *ohne* Obergadenwand.

Novara: Baptisterium.

Albenga: Baptisterium.

Ravenna: S. Giovanni in Fonte.

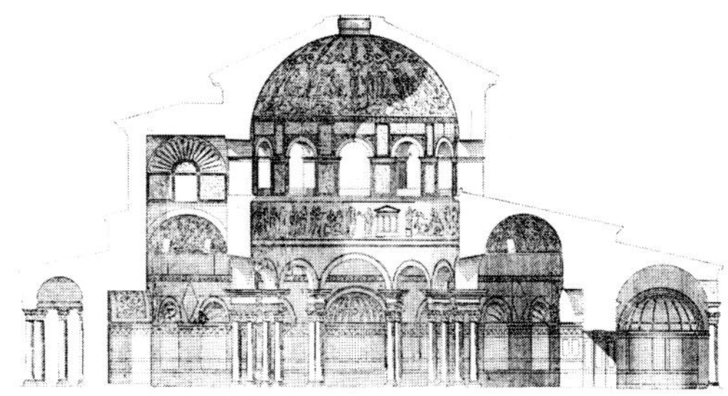

Rom: Sta. Costanza.

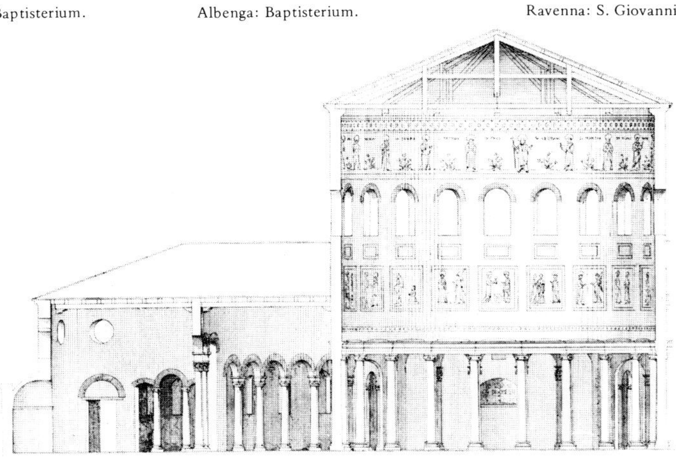

Rom: Sto. Stefano Rotondo.

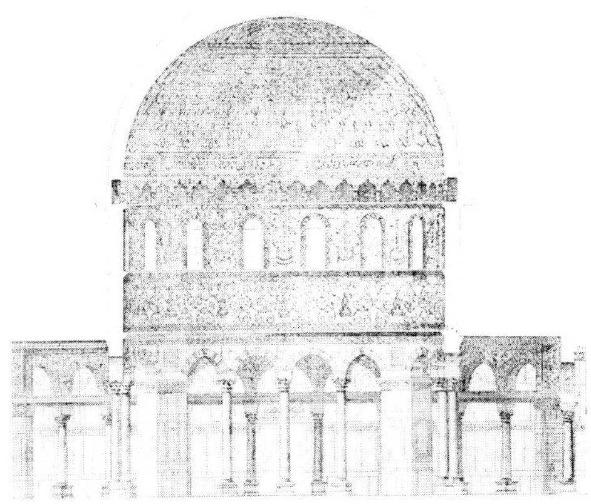

Jerusalem: Der Felsendom.

65. Frühchristliche und byzantinische Zentralbauten *mit* Obergadenwand und der Felsendom in Jerusalem (nach Dehio-Bezold).

66. Rom, S. Paolo, Stich von Luigi Rossini.

67. Rom, S. Paolo, Stich von Luigi Rossini.

empfunden wurde. An den Seitenschiffen hingegen ließ man die Rundbogenarkaden ungedeckt in Erscheinung treten.
Mit dem Bau des S. Paolo (386) werden in Rom zum ersten Mal die Hauptschiffwände als Arkadenwände gestaltet. Doch diesem System gehen zwei Kirchen in Nordsyrien voraus: die Kirche von Fafirtîn und Idjaz (372 und 383). Beide sind Basiliken mit Säulenarkaden und haben eine Obergadenwand. In S. Paolo findet die Verbindung von Säulenarkaden und Obergadenwand ihre klassische Formulierung. Doppelgeschossige Stützenreihen kommen in Rom im 5. Jahrhundert nicht mehr vor. Das Hauptschiff von Santa Maria Maggiore z. B. hatte ursprünglich eine zweigeschossige, dem Stützensystem des alten Lateranbaptisteriums ähnliche Konstruktion, die während des Umbaus von 422 in einen Kolonnadensaal verwandelt wurde.
Mit der neuen Raumkonzeption, wie sie zuerst in S. Peter verwirklicht wurde, entsteht auch ein neues Stützensystem: Arkaden oder Kolonnaden tragen eine sehr dünne und sehr hohe Wand, die nicht imstande wäre, ohne Stützung von außen ihre Stabilität zu bewahren. Sie wird in der mittleren Zone – zwischen den Arkadenreihen und Obergadenfenstern – von der Dachkonstruktion der Seitenschiffe gestützt. Der Dachstuhl des Mittelschiffes und die Dachkonstruktionen der Seitenschiffe bilden zusammen ein horizontales Verstrebungssystem zwischen den Wänden. Die dünnen, hochgestelzten Wände laufen einander parallel ohne irgendeine andere Verbindung als die Holzbalken des Dachs. Diese Wände können das Dach tragen, weil das Dach seinerseits ihnen hilft, die nötige Stabilität zu gewinnen.
Ein Versuch, das in der Basilika erprobte Konstruktionssystem auf einen Zentralbau zu übertragen, wurde in Santo Stefano Rotondo (418) in Rom unternommen. Eine dünne, auf Kolonnaden ruhende Obergadenwand wird auf halber Höhe vom Dachstuhl des Umgangs gestützt.
Die Rundbauten der konstantinischen Zeit hatten einen ähnlichen Aufbau wie die Minerva Medica: Die Arkaden sind bis über ihre Scheitelhöhe in der massiven Gewölbekonstruktion des Umganges „eingebettet“; ein solides Tonnengewölbe umringt und

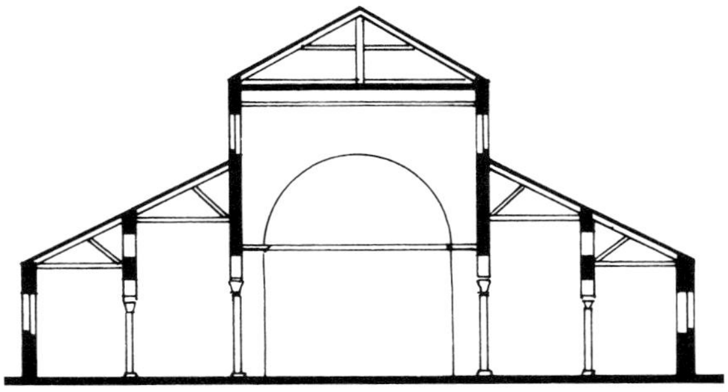

68. Rom, S. Paolo, Schnitt.

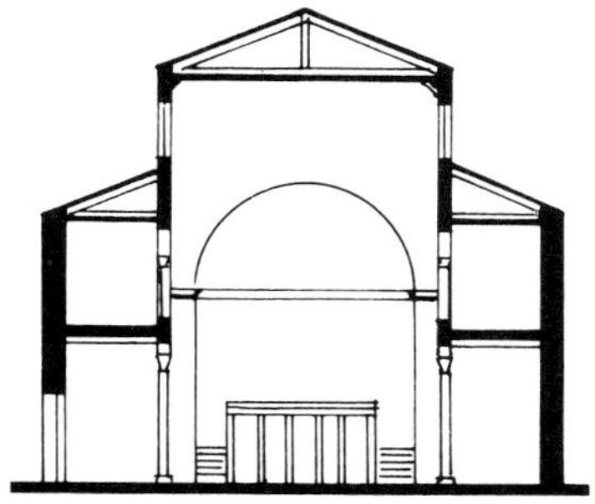

69, Rom. S. Lorenzo, Schnitt.

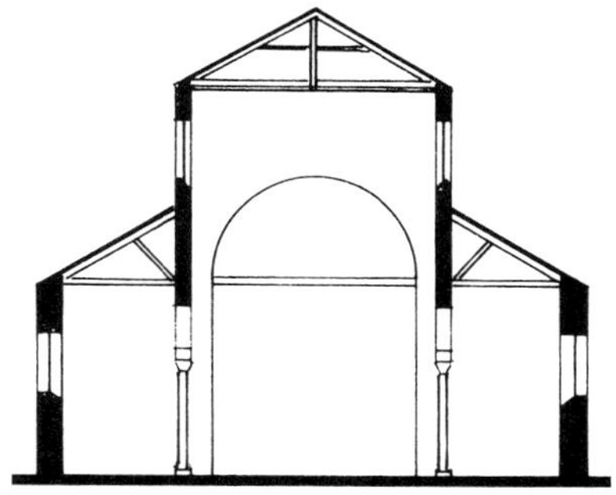

70. Rom, Sta. Sabina, Schnitt.

Die frühchristlichen Basiliken in Rom sind durchwegs ohne Empore. Mit ihren zweigeschossigen Hochschiffwänden bilden S. Lorenzo und Sta. Agnese die wenigen Ausnahmen. Im alten Teil von S. Lorenzo tragen massive Säulen mit geradem Gebälk die Emporenarkaden. In der ungefähr 50 Jahre später erbauten Sta. Agnese besteht die Hochschiffwand aus doppelgeschossigen Säulenarkaden.

stützt die hochragende Obergadenwand. In Santo Stefano Rotondo hingegen haben der innere und der äußere Mauerring keine andere Verbindung als die radial in die Wand stechenden Dachbalken. Weil eine solche Konstruktion in ihrer Stabilität gefährdet war, wurde bereits bei der ersten Restauration der Kirche (Ende des 8. Jahrhunderts) mitten im Raum eine quergestellte Bogenwand errichtet. Dabei entstand – ungewollt – einer der interessantesten Innenräume der frühchristlichen Zentralkirchen. Charakteristisch für die Hochwand der frühchristlichen Basiliken in Rom ist ihre glatte, profillose Oberfläche, die Regelmäßigkeit des Säulenrhythmus und die Entsprechung des Rhythmus der Obergadenfenster mit den Bogenöffnungen. In Rom wurde es nie versucht, die obere Fensterreihe zu gruppieren oder zu rhythmisieren.

In den Gebieten, wo eine alte Steinbau- und Gewölbetradition herrscht (Kleinasien, Syrien, Armenien und Spanien), bürgert sich der Typus der römischen Basilika kaum ein; oder er wird sehr bald von der Kuppelbasilika verdrängt. Den statischen Forderungen des Gewölbeschubes entsprechend, über-

71. Rom, Sta. Sabina.

72. Rom, Sta. Agnese.

73. Rom, S. Lorenzo.

nehmen in diesen Räumen die *Pfeiler* die eigentliche Tragefunktion. Sie werden mit großen Schildbogen miteinander verbunden, Arkaden und Schildwand erscheinen hier als Füllwände, die von Säulen getragen werden. Dieses Konstruktionsprinzip, das in den altrömischen Thermen und Basilikabauten entwickelt wurde, wirkt hier – wenn auch in stark veränderter Form – weiter nach (Ephesus, Rusapha, Koca Kalesi, Meryamlik, Alahan, Qasr-ibn-Wardan). Auch die Seitenwände der Hagia Sophia in Konstantinopel sind im Prinzip Füllwände, wenn auch die Pfeiler als Träger der Kuppel nicht in Erscheinung treten.
Auf die Wandstrukturen der östlichen Kuppelbasilika möchte ich hier nicht näher eingehen, da meine Fragestellung im Zusammenhang mit den islamischen Tragewänden sich ausschließlich auf die kontinuierlichen, d. h. nicht rhythmisierten Bogenwände richtet.
Mit der Trennung der Säule von Architrav und ihrer Verbindung mit dem Rundbogen werden zum ersten Mal die Regeln der Antike durchbrochen. Die Forderung von Leon Battista Alberti: „Gerades Gebälk auf Säulen, Rundbogen auf Pfeilern" wird bereits in der hadrianischen Zeit nicht mehr streng beachtet. Im Pantheon werden zum ersten Mal Rundbogen, Architrav und Säulen zu einem neuen Motiv zusammengefügt. Es ist sicher kein Zufall, wenn in den

74. Rom, Pantheon, die Nische gegenüber dem Eingang.

75. Ephesus, der sog. Hadrians-Tempel, die Vorhalle.

gleichen Jahren in der Villa desselben Kaisers der Architrav zur Archivolte „gebogen" wird (Canopus). Ein zweiter, ebenso folgenschwerer „Verstoß" gegen die hellenistische Bautradition folgt in der zweiten Hälfte des 2. Jahrhunderts: der klassische Dreieckgiebel wird gebrochen und in vor- und zurückspringende Teile zerlegt (Adyton des Bacchus-Tempels in Baalbek, Agorator von Milet, die Fassaden der Felsengräber von Petra).
Nicht erst die Christen, schon die Römer haben den *Boden* – Basis des Dreieckgiebels –, auf dem einst eine der olympischen Gottheiten gestanden hatte, weggelassen. Das Wagnis, die Geschlossenheit des griechischen Giebels zu zerstören, öffnete zahllose Möglichkeiten für neue Formkombinationen. Das spätrömische Giebel/Rundbogen-Motiv, wie es an der Fassade des sog. Hadrian-Tempels in Ephesus oder im Diokletian-Palast in Spalato vorkommt, wurde an den Fassaden der christlichen Kirchen verschiedentlich abgewandelt (St. Trophîme in Arles und an den Portalbauten verschiedener romanischer Kirchen im Poitou und in der Auvergne).
Parallel zum Sieg des christlichen Glaubens ereignete sich in der christlichen Architektur *der Sieg des Rundbogens über den Architrav* bzw. der Arkade über die Kolonnade. – Und der Rundbogen wurde bereits in den Anfangszeiten zum Grundmotiv der islamischen Tragewände.

III.

DIE FRÜHISLAMISCHEN WAND- UND TRAGESYSTEME

76. Nigde, Sungur Bey Moschee.

Die Säulenarkadenwand

Wie ich am Anfang des vorangehenden Kapitels bereits bemerkte, unterscheiden sich die Tragesysteme der arabischen Bethallen von den Tragesystemen der römischen oder persischen hypostylen Hallen durch das Vorhandensein einer Bogenwand, die die Flachdecke mit den Stützen verbindet. Diese Bogenwände laufen einander parallel, staffeln sich hintereinander und „hängen" in den Raum hinein. Hallen mit flachem Steindach und in den Raum hineinhängenden Bogenwänden als Träger der Decke waren in Syrien bereits zur Zeit der Römer üblich, und zwar vorwiegend im Hausbau und einige Male auch in größeren öffentlichen Bauten (die Hallen von Chaqqa, Kanawāt u. a.). Im Kaiseriya genannten Baukomplex von Chaqqa z. B. hatten die länglichen Säle solche quergestellten Bogenwände. Die sog. „Basilika" in Chaqqa, eine dreischiffige Halle aus der Römerzeit, war auch nach dem gleichen Prinzip konstruiert. Die Erklärung, daß diese Konstruktionsweise in diesen spärlich bewaldeten Gegenden als Folge des Holzmangels entstanden sei, ist nicht zureichend.
Obwohl man fähig war, präzis ausgeführte Rundbogen zu konstruieren, unternahm man nirgends den

In Rom selbst und den westlichen Provinzen waren Flachdecken und quer in den Raum gestellte Tragewände nicht üblich. Die Wände wurden oft durch Halbsäulen gegliedert, und ein durchgehender Architrav bildete den Übergang zur Wölbung (a).
Im Osten, hauptsächlich in Nordsyrien, wo man die Hallen mit flacher Steindecke überdeckte, sind die frühesten Beispiele von Tragewänden zu finden. In der Figur (b) wird ein vorchristlicher Bau, die sog. „Kaisariya" in Chaqqa, schematisch dargestellt. Die ebenfalls spätrömischen Hallen „Seraya" in Kanawat und die „Basilika" in Chaqqa sind dreischiffige Räume mit Emporen (c).
In der Sungur-Bey-Moschee (Abb. 76, im Hintergrund) der kleinasiatischen Stadt Nigde ist eine Bogenwand zu sehen, die ursprünglich einer frühchristlichen Kirche gehört hatte. Diese Bogenwand ist genau nach dem System der nordsyrischen Flachdach-Hallen gebaut.

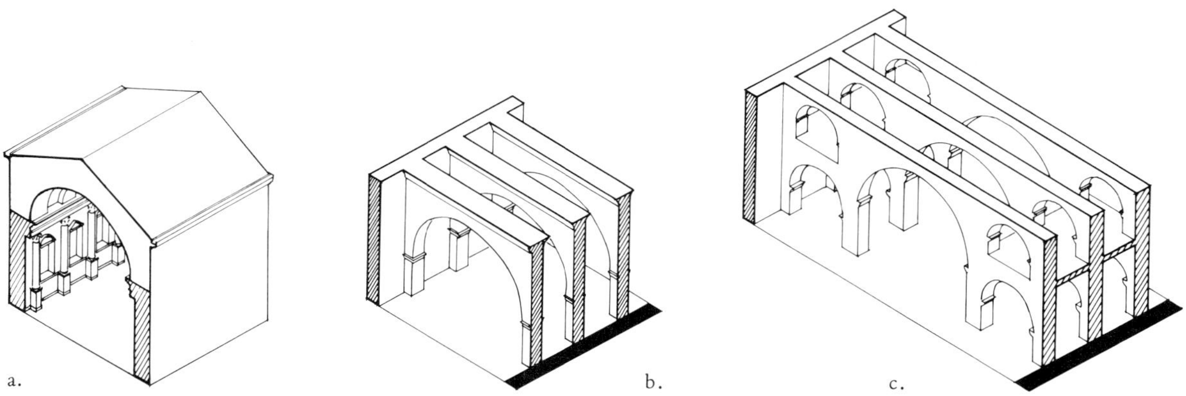

77. Schematische Darstellungen der spätrömischen Tragewandformen in Syrien: (b) und (c). Fig. (a) schematische Darstellung des Diana-Tempels in Nîmes.

Versuch, den Raum mit einer Tonne zu überwölben. Einschiffige Säle mit Tonnengewölbe – so wie im Diana-Tempel in Nîmes – waren in der römischen Architektur seit der augusteischen Zeit üblich. In Syrien jedoch wurde die Tonnenwölbung nicht angewendet[13]: Die Christen übernahmen für ihre Kirchenbauten die traditionelle Bauweise dieses Gebietes. Im 4. Jahrhundert entstanden eine Reihe von ein- und dreischiffigen Hallenkirchen mit *flachem* Steindach (Umm-idj-Djimal, Nimreh, Tafhā, Kanawāt u. a.).

Die quergestellten Tragewände der syrischen Hallen entsprachen offensichtlich nicht ganz der Vorstellung des längsgerichteten, frühchristlichen Kultraumes. Nach dem Ende des 4. Jahrhunderts finden wir keinen christlichen Raum mit quergestellten Bogenwänden. Fast alle Kirchen des 5. Jahrhunderts haben längsgerichtete Bogenwände. In der Klaudianos-Kirche in Umm-idj-Djimal und in der Nord-West-Kirche, ebenfalls am gleichen Ort, teilen längsgerichtete Wände die Räume in drei Schiffe, die gleich hoch und gleich breit sind. Nur die Orientierung der Tragewände ändert sich, aber nicht die Konstruktionsmethode: Die flache Steindecke ruht in allen diesen Kirchen auf Bogenwänden, die in den Raum hineinhängen. In der Klaudianos-Kirche tragen die *Säulen* die Bogenwände; in der Nord-West-Kirche sind es die *Pfeiler*. Im Laufe des 5. und 6. Jahrhunderts wird die Anwendung der Säulen häufiger. In der Kirche von Fafirtin (372) wird in Syrien zum ersten Mal die *Obergadenwand* eingeführt. Das Mittelschiff erhält damit eine neue Bedeutung: Es ist höher als die Seitenschiffe und hat seitliches Oberlicht. Die klassische Gestalt der frühchristlichen Hochschiffwand kristallisiert sich also in Fafirtin 14 Jahre *vor* dem Bau der S. Paolo in Rom heraus. Die Christen verwandeln in Syrien die regionale Hallenform in eine achsensymmetrische, in der eine eindeutig hierarchische Ordnung zwischen verschiedenen Raumeinheiten herrscht. Besonders durch die Einführung der Obergadenfenster wird die Vorrangstellung des Hauptschiffes hervorgehoben. In den Kirchenräumen des 6. Jahrhunderts wird die Zahl der Obergadenfenster verdoppelt, in einigen Fällen

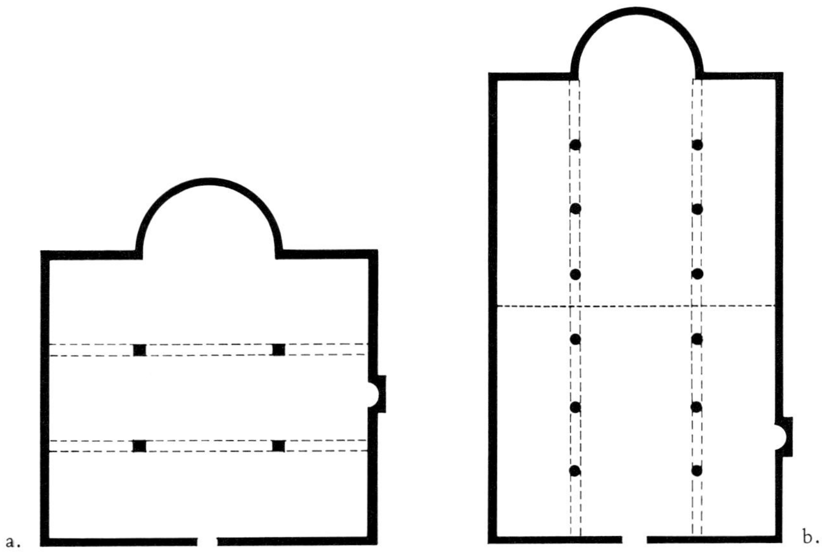

78. a und b: Benutzungsformen der syrischen Basilikaräume als Moschee.

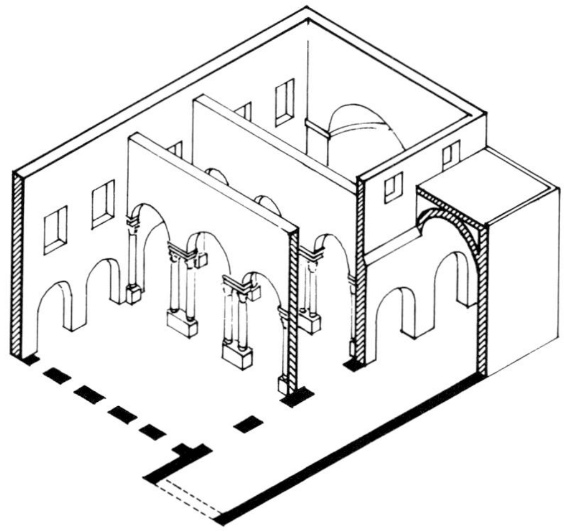

79. Rom, die alte Sta. Croce in Gerusalemme. Rekonstruktion von Richard Krautheimer.

auch verdreifacht und damit die Helligkeit des Hochschiffraumes gesteigert.

Die von Pfeilern oder Säulen getragene *Rundbogenwand* bleibt durch all diese Wandlungen hindurch konstant. *Kolonnaden* im Hochschiff bilden – mit Ausnahme der konstantinischen Bauten – in Syrien eine Seltenheit.

Die Christen wie die Mohammedaner fanden also in Syrien den Raumtypus der Flachdachhalle vor. Von den Christen wurde diese Raumform zuerst übernommen, aber bald wieder aufgegeben. Die Araber hingegen sahen in diesen von *gleichartigen* und *gleichwertigen Tragewänden* durchzogenen Flachdachhallen eine Entsprechung zu ihren eigenen Raumvorstellungen und Bedürfnissen. Parallele Tragewände sind ja, solange sie gleich hoch sind, theoretisch beliebig wiederholbar und auch in beiden Richtungen ausdehnbar. So entwickelten sich in Syrien aus dem gleichen „Kern" zwei völlig entgegengesetzte Raumkonzeptionen: die frühchristliche Basilika und die arabische Stützenhalle.

Als die Omaijaden Syrien besetzten, fanden sie neben der älteren Form der Flachdachhallen auch die vollentwickelten Formen der Obergadenwand, neben Querbogensälen auch längsgerichtete. In den konstantinischen Kirchen waren auch Kolonnadenwände zu sehen. Ihre Wahl jedoch fiel eindeutig auf die Flachdachhallen mit Rundbogenwand. Laut Berichten von Baladhuri wurden in Syrien anfänglich verschiedene Kirchen in Moscheen verwandelt, in einigen Städten teilte man den Kirchenraum mit den Christen: so z. B. in Aleppo. Es ist nirgends mit Sicherheit festgehalten, ob je eine Kirche vom Typus Tafha oder Nimrêh in eine Moschee verwandelt wurde. Sollte dies der Fall gewesen sein, so hätte man eine Bethalle mit in Längsrichtung laufenden Tragewänden vor sich. In Syrien waren ja fast alle Kirchen nach Osten orientiert. Beim Umbau der längsgerichteten Kirchen wurde der Eingang an die nördliche Seitenwand verlegt und die südliche Seitenwand mit einem Mihrab versehen und zur Qiblawand erklärt. So hatte man einen Betraum mit zur Qiblawand parallel laufenden Arkaden. Vor dem Bau der beiden großen Moscheen *Aksa* in Jerusalem und der *Großen Moschee* in Damaskus gaben also die in Moscheen umgebauten Kirchenräume Bei-

80. Chaqqa, Basilika (nach Vogüe).

81. Delos, Ruine einer spätrömischen Zisterne mit Bogenwänden.

spiele für die beiden Möglichkeiten der Bogenstellungen im Raum. So ist es sicher kein Zufall, wenn in der Aksa-Moschee senkrecht zur Qiblawand laufende Bogenstellungen gewählt wurden, während man sich fünf Jahre später in der Großen Moschee von Damaskus für parallel zur Qiblawand laufende Arkaden entschloß.

Die Aksa-Moschee erlitt verschiedene Brand- und Erdbebenkatastrophen; bei jeder Wiederherstellung erhielt der Raum neue Abmessungen, so daß zwischen seiner ursprünglichen Gestalt und der heutigen kein Zusammenhang mehr festgestellt werden kann. Die erste Aksa-Moschee beschreibt der arabische Chronist Mukaddasi als eine fünfzehnschiffige Säulenhalle mit Bogenstellungen in der Längsrichtung. Lucien Golvin hat versucht, den Grundriß der Moschee nach der Beschreibung von Mukaddasi zu rekonstruieren[14]. Nach eingehenden Studien ist Golvin zur Überzeugung gekommen, daß die erste Bethalle tatsächlich fünfzehn Schiffe gehabt haben dürfte. Über den Aufbau der Arkaden bestehen keine sicheren Angaben; ob Arkaden der ersten Bethalle auch zweigeschossig waren, bleibt ungewiß.

Ein ähnliches Schicksal hatte auch die Große Moschee von Damaskus, doch blieben hier bei den verschiedenen Restaurationen die Abmessungen des Gesamtraumes wie auch der Aufbau der Tragewände im Prinzip dieselben. Meine Beschreibung möchte deshalb mit den Tragesystemen der Großen Moschee von Damaskus beginnen.

82. Chaqqa, Grundriß, Schnitt und Westfassade der Basilika (nach Vogüé).

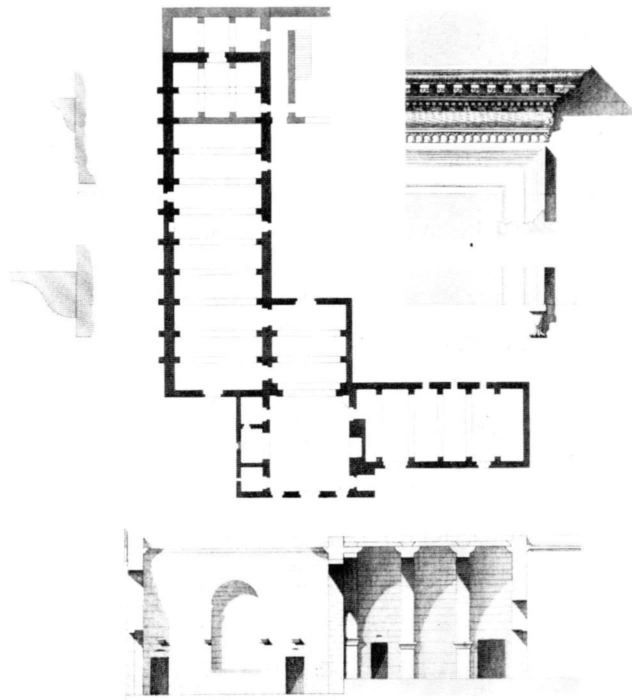

83. Chaqqa, „Kaisariya“ (nach Vogüe).

Die „Kaisariya“ und die Basilika in Chaqqa, beide ursprünglich spätrömische Bauten, wurden später als Kirchen benutzt. Dieser Typus von Hallenbau mit flacher Steindecke bestimmte dann die anfängliche Form der frühchristlichen Kirchen in Syrien. So z. B. für die Kirchen von Nimreh (Abb. 85) und Tafha wurde die Basilika von Chaqqa zum Vorbild, während die einschiffigen Säle der Julianos-Kirche und von einigen anderen kleineren Kirchen in Umm-idj-Djimal auf die „Kaisariya“ zurückzuführen sind. Ausgehend von diesen beiden Grundtypen wurde im Laufe des 4. Jahrhunderts ein weiterer Raumtypus entwickelt: Die dreischiffige Hallenkirche mit längsgerichteten Tragewän-

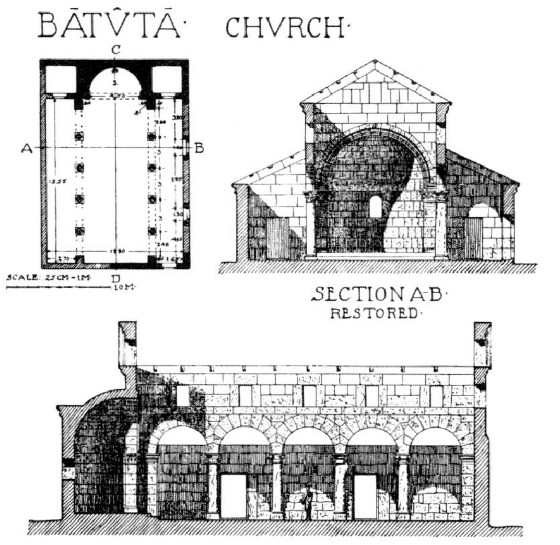

84. Batuta, Grundriß und Schnitt der dreischiffigen Basilika (nach H. C. Butler).

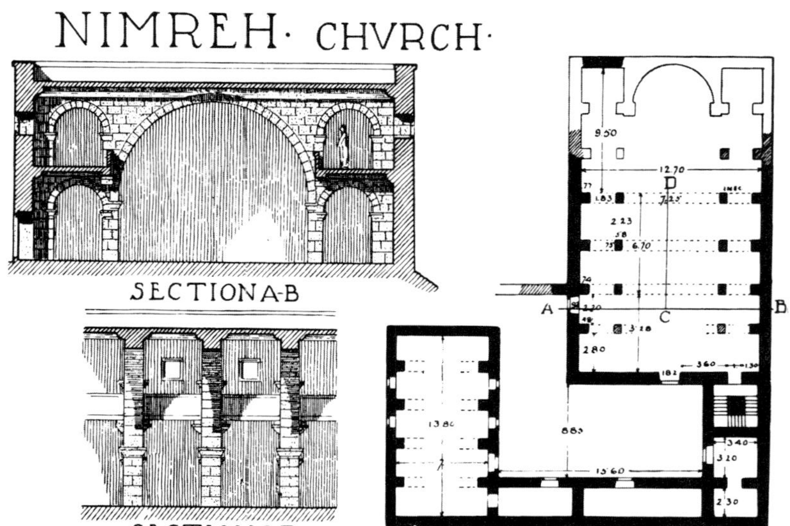

85. Nimrêh, die dreischiffige Emporenbasilika (nach H. C. Butler).

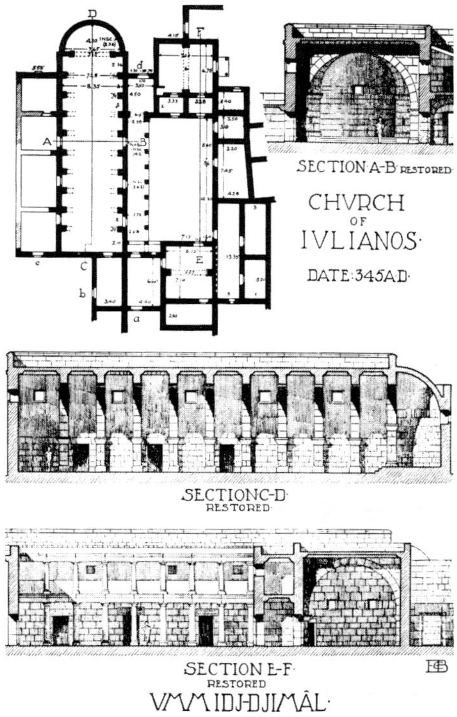

86. Umm-idj-Djimal, Julianos-Kirche (nach H. C. Butler).

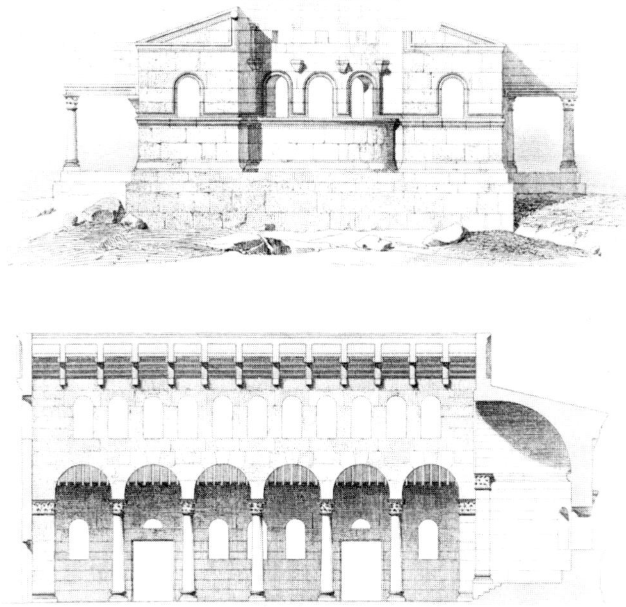

87. Baqouza, die Basilika (nach Vogüé).

den. Die Süd-Westkirche und die Klaudianos-Kirche in Umm-idj-Djimal gehören zu diesem Typus (Abb. 88, 89). Diese Räume sind flachgedeckte Hallen mit gleich hohen und gleich breiten Schiffen. Sie haben keine Emporen, d. h., die seitlichen Schiffe sind nicht in zwei Stockwerke unterteilt. Parallel zu diesem Hallentyp entstand im 4. Jahrhundert auch die klassische christliche Basilika mit erhöhtem Mittelschiff und Obergadenwand. Der früheste, mit Sicherheit datierte Bau dieses Typus ist die Kirche von Fafirtin (372). Neben der Obergadenwand und dem Holzdach mit offenem Dachstuhl ist es typisch für diese Kirchen, daß nunmehr Säulen als Stützen verwendet werden (Abb. 84, 87).

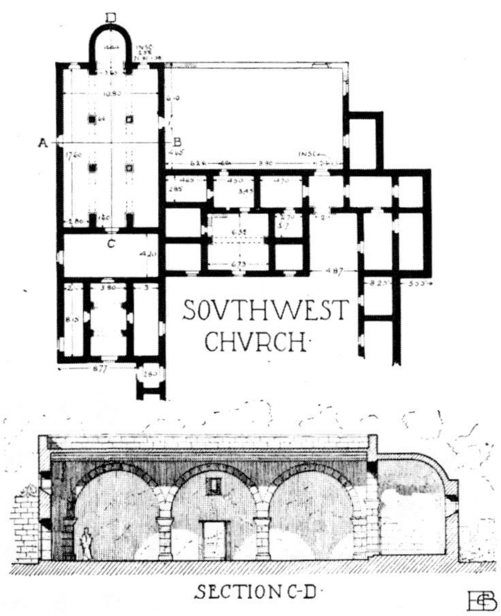

88. Umm-idj-Djimâl, die Südwest-Kirche (nach H. C. Butler).

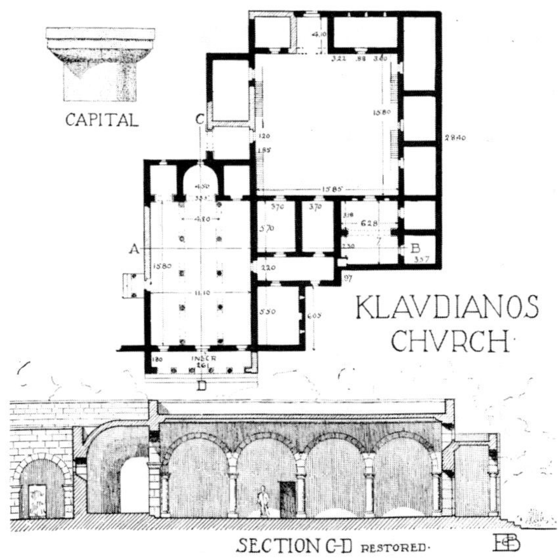

89. Umm-idj-Djimâl, Klaudianos-Kirche (nach H. C. Butler).

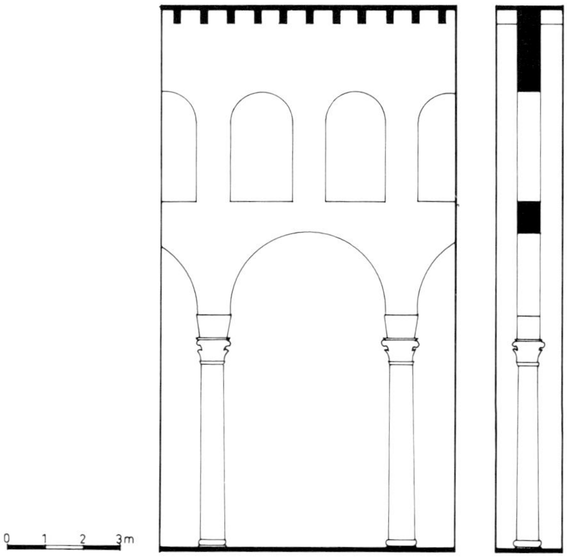

90. Damaskus, die Tragewände der Großen Moschee.

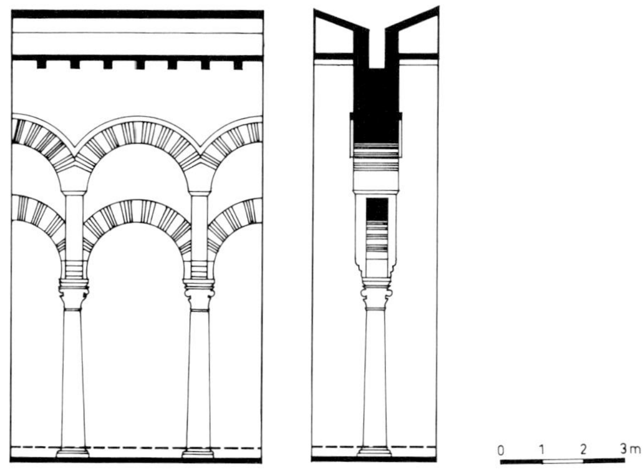

91. Cordoba, die Tragewände der Großen Moschee.

Die frühesten Monumentalbauten des Islam entstehen in Syrien (Jerusalem und Damaskus). Einzelne Bauformen, wie etwa Säulenarkaden, Pfeilerarkaden und Obergadenwand, die in den frühchristlichen Kirchen je nach dem Raumtypus ihre Anwendung fanden, treten in der Großen Moschee von Damaskus gleichzeitig auf. Der Mitteltrakt ist ein einschiffiger Saal mit Pfeilerarkaden und Obergadenwand (vgl. Abb. 98). Die beiden Bethallen links und rechts haben doppelgeschossige Arkadenwände, sind aber Hallenräume mit gleich hohen Schiffen. Die Fensterreihen über den Säulenarkaden erfüllen also weder die Funktion der Obergadenfenster, noch sind sie Emporenarkaden. Mit ihren beinahe 14 Metern Höhe übertreffen diese Arkadenwände die Hauptschiffe der vorangehenden christlichen Kirchen der Region. Sie bleiben aber eine einmalige Erscheinung in der Geschichte der arabischen Moscheenarchitektur. Die Bethalle von Cordoba hat bei ebenfalls doppelgeschossigen Arkadenwänden nur eine Höhe von 9,5 Metern. Die Höhe der Bethalle von Kairuan beträgt etwa 9 Meter.

In Cordoba wird ein neues Tragesystem entwickelt: Ziemlich schwere Pfeilerarkaden (Wandtiefe 107 cm) werden von Säulenarkaden getragen. Die Tiefe der unteren Bogenleibungen ist nur 57 cm. Hier sind die beiden Arkadenreihen nicht wie in Damaskus übereinander gestellt, sondern ineinander verschachtelt. Auch dieses komplexe Tragesystem bleibt in der arabischen Architektur ein Einzelfall. Die einfachere Form der Tragewände von Kairuan hingegen wird in den folgenden Jahrhunderten für viele Bethallen zum Vorbild – sowohl in der Konstruktion wie auch in den Abmessungen.

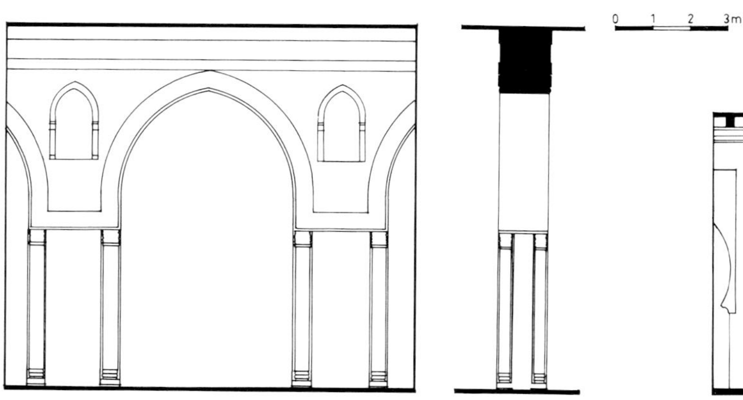

92. Kairo, die Tragewände der Ibn-Tulun Moschee.

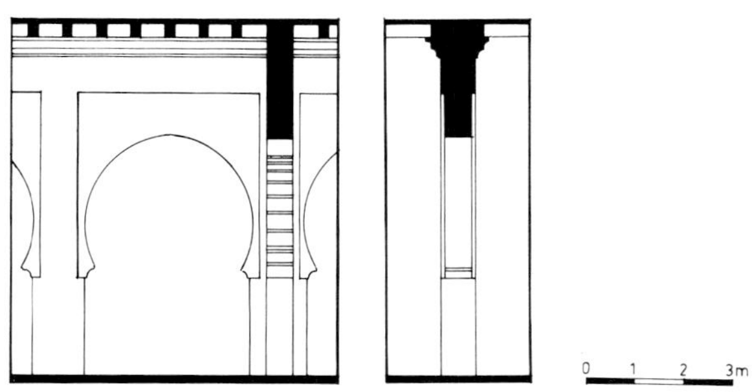

93. Algier, die Tragewände der Großen Moschee.

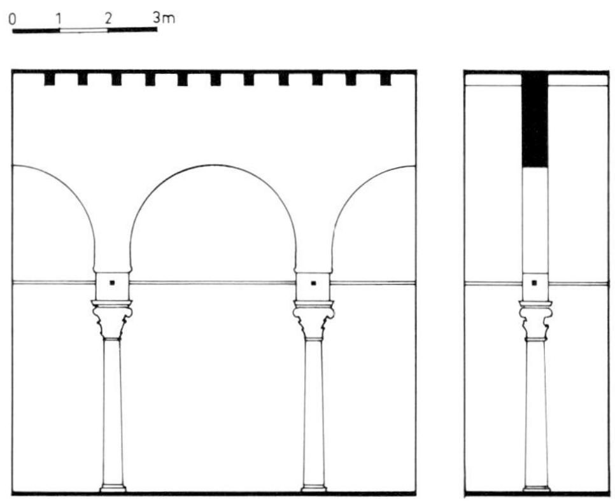

94. Kairuan, die Tragewände der Großen Moschee.

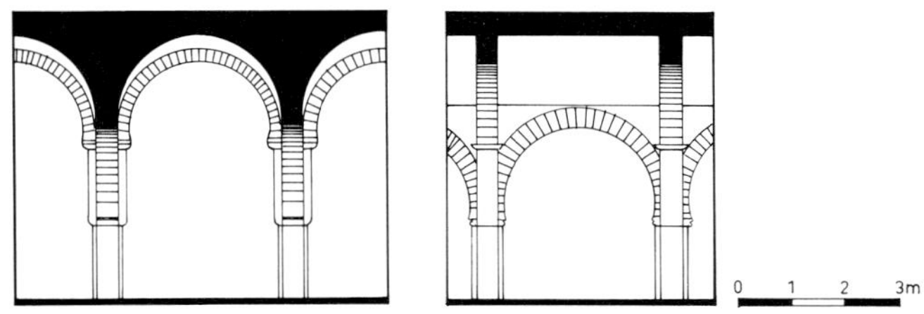

95. Sousse, die Tragewände der alten Bethalle.

Die Tradition der Pfeilerarkaden wurde in Samarra gegründet und wirkte in den Moscheen von Kairo weiter. In der Ibn-Tulun-Moschee in Kairo tragen aus Backstein gemauerte Pfeilerarkaden die flache Holzdecke. Eingeschobene Dreiviertelsäulen an den Pfeilerkanten und kleine Spitzbogenöffnungen zwischen den Bogen kamen bereits in den Samarra-Moscheen vor. Doch nicht am selben Bau. Säulen an den Pfeilerkanten hat man in der Großen Moschee feststellen können, und Spitzbogenarkaden mit kleinen Fensteröffnungen hatte die Abu-Dilif-Moschee. In Kairo werden beide Motive zusammen angewendet. Es entsteht so ein neuer Typus von Tragewand.

Gewölbte Bethallen bilden eine Seltenheit in der arabischen Moscheenarchitektur. Sie bleiben auf die Stadt Sousse und Umgebung beschränkt. In der alten Bethalle der Großen Moschee von Sousse wird ein neuer Pfeilertypus entwickelt, der durch seine wohlartikulierte Form der Struktur der Gewölbe angepaßt ist. In Sousse existieren im Grunde keine Tragewände: die Tonnenwölbung beginnt unmittelbar über dem Bogenscheitel.

Im 11. Jahrhundert wird in Maghrib ein völlig neues Pfeilerarkadensystem entwickelt. Dünne einzelne Bogenwände werden von einer Folge von „Rahmen" eingefaßt. Pfeiler, die Pilaster über den Pfeilern und der oben durchlaufende Bogenstreifen markieren hier das tragende Gerüst, während die Bogenwände als in diesen Rahmen eingeschobene „Kulissenwände" erscheinen. In der Tat sind aber die Bogen die eigentlichen Träger der Wand bzw. der Decke. Die Rahmenstruktur ist im Grunde nur ein in Stuck geschnittenes „Muster", das eine neuartige Konstruktionsweise vortäuscht.

96. Marakesch, die Tragewände der Qutbiya Moschee.

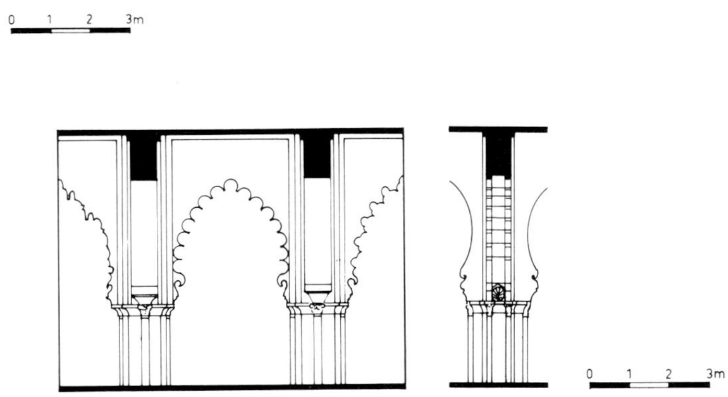

97. Tinmal, Tragewände der Grabmoschee von Ibn Turmad.

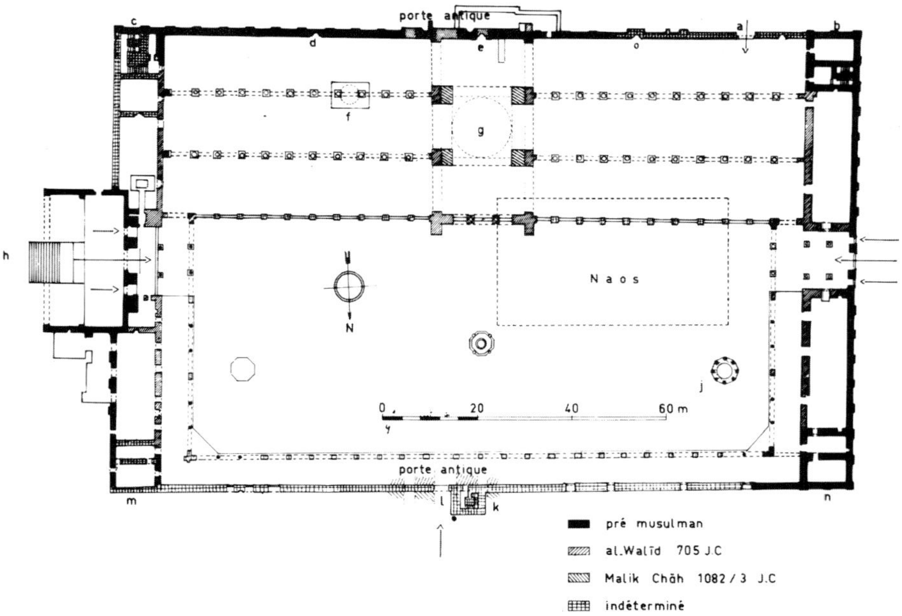

98. Damaskus Große Moschee (nach Lucien Golvin).

Die Große Moschee von Damaskus

Die Große Moschee von Damaskus wurde sehr lange für eine in eine Moschee verwandelte christliche Kirche gehalten. Vor allem die Raumproportionen gaben dazu den Anlaß[15]. Doch die neueren Forschungsergebnisse haben gezeigt, daß es sich hier nicht um den Umbau der alten, im Tempelbezirk gestandenen Johannes-Kirche handeln kann. Die Große Moschee von Damaskus ist in der Tat mit keiner der vorangehenden Moscheen vergleichbar, weder in ihren Dimensionen noch in ihrem Aufbau. Nach den Berichten der arabischen Chronisten waren die Moscheen von Kûfa und Basra Säulenhallen *ohne* Bogenstellungen, und die Bethallen von diesen beiden Moscheen waren fünfschiffig.

Die *dreischiffige* Bethalle einerseits und die *symmetrische Unterordnung* der beiden Flügel gegenüber einem erhöhten Mittelraum anderseits waren der islamischen Vorstellung von einer Bethalle völlig fremd. Betrachtet man den mittleren Raum und die dreischiffigen Seitenflügel für sich, so kann man gewisse Ähnlichkeiten mit den syrischen Kirchen feststellen: Der Mittelraum gleicht dem Hauptschiff einer Pfeilerbasilika mit drei Bogenöffnungen und Obergadenfenstern (vergleichbar z. B. der Numerianos-Kirche in Umm-idj-Djimal); die Seitenflügel, die von Säulenarkaden in drei gleich breite Schiffe geteilt werden, erinnern an die Hallenkirchen von Dār Kita, Mschabbak u. a. Gesamthaft gesehen stellt aber der Mittelraum mit den beiden Seitenflügeln eine neuartige Raumordnung dar. Eine ähnliche Kombination von drei basilikalen Räumen findet sich in den vorangehenden christlichen Kirchenbauten Syriens kaum. Auch in der Geschichte der islamischen Moscheenarchitektur bleibt die Moschee von Damaskus eine einmalige Erscheinung. Ihre Raumdisposition wird nicht schulbildend für die Bethallen der folgenden Jahrhunderte.

In der einzigartigen Stellung der frühomaijadischen

99. Damaskus, Große Moschee, die Seitenwände des Mitteltrakts.

Damaskus, Große Moschee, die Arkadenwände der Bethallen.

Architektur innerhalb der Geschichte des Islams hat Oleg Grabar im Zusammenhang mit der Gestalt des Felsendomes eine Deutung versucht, die mir überzeugend erscheint und zugleich auf die Damazener Moschee übertragen werden darf. Denn ähnlich wie der Felsendom wurde auch die Große Moschee von Damaskus auf heiligem Boden mit uralter Tradition errichtet. Grabar schreibt: „A priori mußten bei der Errichtung des Felsendomes zwei große Themen berücksichtigt werden. Erstens mußte der Bau eines Heiligtums auf dem Berg Moria innerhalb des mit diesem alten heiligen Ort verbundenen Korpus von religiösen Vorstellungen verständlich sein und verstanden werden, denn der Islam war von seinem Anspruch her ja keine völlig neue Konfession, sondern die Fortsetzung und Vollendung des jüdischen und christlichen Glaubens. Anders gesprochen mußte der Felsendom auch in bezug auf die Anschauungen des ‚Volkes der Schrift' einen Aussagewert besitzen . . . In diesem Sinne impliziert der Bau des Felsendomes das, was man *prise de possession* nennen könnte: Abd al-Malik ergriff Besitz von einem geheiligten Gelände. Man sollte den Felsendom deshalb auch nicht so sehr in Beziehung setzen zu den Monumenten, deren Form er übernahm, er muß vielmehr im Zusammenhang des allgemeineren Brauchs gesehen werden, ein Symbol der Siegermacht bzw. des siegreichen Glaubens innerhalb des eroberten Landes zu errichten . . . Die Formensprache, in der sich diese symbolische Besitzergreifung äußerte, war nicht neu, sondern bestand fast ausschließlich aus Formen der byzantinischen und, in weit geringerem Maße, der sassanidischen Kunst . . . Ungeachtet der mohammedanischen Assoziationen war dieses Bauwerk in erster Linie ein Monument für Nicht-Mohammedaner, und trotz der islamweiten Verbreitung seiner Symbolik handelt es sich hier um ein immanentes Gebäude, das ganz bestimmten

100. Damaskus, die Tragewände der Bethalle vor dem Brand.

Die Bethallen der Großen Moschee von Damaskus wurden im Jahr 1893 durch einen heftigen Brand zerstört. Beim Wiederaufbau haben die Restauratoren die Fensterreihen über den Arkaden durch Säulenreihen ersetzt. Dies hat den ursprünglichen Rhythmus des Raumes völlig zerstört. Die alten Tragewände bildeten eine einheitliche Fläche, die das vom Hof her einfallende Licht zurückspiegelte. So entstand zwischen der hellbeleuchteten Wandfläche und den dunklen Bogenöffnungen ein deutlicher Gegensatz. In der neuen Bethalle hingegen gleitet das Licht durch die oberen Säulenarkaden von einem Schiff ins andere, dabei werden die Hell-Dunkel-Gegensätze aufgehoben, und die Tragewand verliert ihre Bedeutung als Wand.

101. Damaskus, die Tragewände nach der Restauration.

zeitgenössischen Bedürfnissen Rechnung trug, entscheidend darunter die Absicht, einer christlichen Bevölkerung, die häufig in der mohammedanischen Herrschaft noch nichts weiter als ein vorübergehendes Unglück sah, die Dauerhaftigkeit des Islams vor Augen zu führen."[16]

In der *Sprache* und mit dem *Wortmaterial* der Besiegten sich auszudrücken und damit Marksteine für den Sieg des eigenen Glaubens setzen zu wollen, war gewiß einer der wichtigsten Beweggründe der Omaijaden, unter deren Herrschaft die islamische Sakralarchitektur einen noch nie dagewesenen Glanz erreichte; eine Größe und Pracht, die eigentlich mit den Grundsätzen des Islams in Widerspruch stand.

Es wird überliefert, daß der Khalif Omar nach der Einnahme von Jerusalem sein Gebet in der konstantinischen Basilika verrichtet haben soll[17]. Vermutlich benutzte man anfänglich die Hälfte der Kirche als Moschee. Im Gebiet von Damaskus und Jerusalem hatten die arabischen Eroberer nicht mehr die Gelegenheit, antiken Bauten direkt zu begegnen. Wie im Tempelwerk von Damaskus waren auch an vielen anderen heiligen Orten neue Kirchen errichtet oder die bestehenden Tempel in Kirchen verwandelt worden. Doch war das hellenistische Formmaterial, wenn auch in „übersetzter" Gestalt, in vielen christlichen Kirchen präsent. Unter den geteilten oder beschlagnahmten Kirchen bildeten jedoch die konstantinischen mit ihren von Kolonnaden getragenen Hochschiffwänden nur eine kleine Gruppe. Die Mehrheit der Kirchen waren nach alter syrischer Tradition basilikale Hallen mit Rundbogenarkaden (Hama, Aleppo u. a.).

Die arabischen Eroberer zeigten von Anfang an eine Abneigung gegen Kolonnaden. *Säule und Architrav* wurden nie in ihr Architektur-Vokabular aufgenommen, während Rundbogenarkaden ohne Zögern angeeignet und sehr bald in eine den eigenen Zwecken entsprechende „Sprache" übertragen wurden. Parallel in den Raum gestellte Reihen von Bogenwänden dienten nunmehr als Stütze einer immensen Flachdecke.

Auf Säulen oder auf Pfeilern ruhende Bogenwände, diese beiden Grundtypen der islamischen Tragewand treten in der Großen Moschee von Damaskus nebeneinander in Erscheinung: Pfeilerarkaden im Mittelraum, Säulenarkaden in den Seitenflügeln. Während der Restauration nach dem großen Brand (1893) sind die Tragewände, besonders die der Seitenflügel, völlig verunstaltet worden. Es bestehen jedoch Photographien, die von Dussaud und von Van Berchem vor der Restauration aufgenommen wurden. Diese kostbaren Dokumente, die ich als Vorlage zu den Zeichnungen benutzt habe, sollen hier helfen, den ursprünglichen Aufbau der Tragewände genauer zu beschreiben.

Die Tragewände von Damaskus haben auf den ersten Blick eine große Ähnlichkeit mit den Hochschiffwänden der syrischen Säulenbasilika (Dār Kita, Bakhirā, Serdjibleh u. a.). Sie sind zweistöckig, haben aber oben statt Obergadenfenster eine Reihe Bogenöffnungen. Weil alle drei Schiffe gleich hoch sind, haben diese Bogenöffnungen keine Fensterfunktion. Die Tragewände der Damazener Bethalle wirken, verglichen mit den Hochschiffwänden der syrischen Kirchen, leichter, dünner und zerbrechlicher. Bei den syrischen Hochschiffwänden ist das Verhältnis zwischen der Wandfläche und den Öffnungen ausgewogener. In Damaskus überwiegen die Öffnungen. Die fragile, statisch labil wirkende Erscheinung der Tragewände ist auf einige Punkte zurückzuführen, die sich bei der näheren Betrachtung als Abweichungen von den syrischen Proportionen erweisen.

1. Die Tragewände der Seitenflügel haben eine ungewöhnliche Höhe (13,5 Meter). Diese Höhe ist nicht nur für eine islamische Bethalle, sondern auch für die Hochschiffwände der syrischen Kirchen ungewöhnlich. Einzig die konstantinischen Kirchen bilden dabei eine Ausnahme. Die syrischen Flachdachhallen des 5. Jahrhunderts haben in der Regel eine Höhe von 5–7 Metern; die basilikalen Räume mit Obergadenfenstern erreichen kaum die Höhe von 10 Metern.
2. Da die Tragewände von Damaskus im Gegensatz zu den Hochschiffwänden der Basilika nicht gleichzeitig *Außenwände* (Obergadenwände) sind, haben sie eine geringere Breite, und deshalb sind sie dünner, wirken fragiler.
3. Die Anfänger der Bogen ruhen nicht direkt auf den Kapitellen. Zwischen Bogen und Kapitell wird, ähnlich wie bei den byzantinischen Arkaden, eine Art Kämpfer eingeschoben. Diese eingeschobenen Teile haben aber nicht, wie etwa die Kämpfer in den Kirchen von Ravenna, eine stark nach unten sich verjüngende Form. Es entsteht in Damaskus nicht der Eindruck der „Kopflastigkeit". Durch ihre schlanke, straffe Gestalt tragen sie dazu bei, die Bogen höher, beschwingter, graziler wirken zu lassen.
4. In Rom, Byzanz oder Syrien, sind an den Hochschiffwänden der Basiliken meistens je *ein* oder *drei* Fenster über einem Bogen angebracht, die Zahl *zwei* trifft man kaum an. In Damaskus sind es je *zwei* Bogenöffnungen. Der Pfeiler zwischen den beiden Bogenöffnungen erhebt sich über dem Scheitel des unteren Bogens. So gerät das Gleichgewicht zwischen Stütze und Last optisch in ein labileres Verhältnis. Gerade diese Besonderheit störte offensichtlich das statische „Empfinden" der westlichen Restauratoren. Bei der Wiederherstellung der Bethalle im letzten Jahrhundert wurde die obere Bogenwand durch eine Reihe von leichten Säulenarkaden ersetzt.

Dieser Eingriff war ein Verstoß gegen den ursprünglichen Charakter des Betraumes: Nicht nur die Gewichtsverhältnisse, sondern auch die traditionelle Lichtführung litt darunter. Früher stieg die Bogenwand bis zur Decke, sie war eine einheitliche *Fläche*

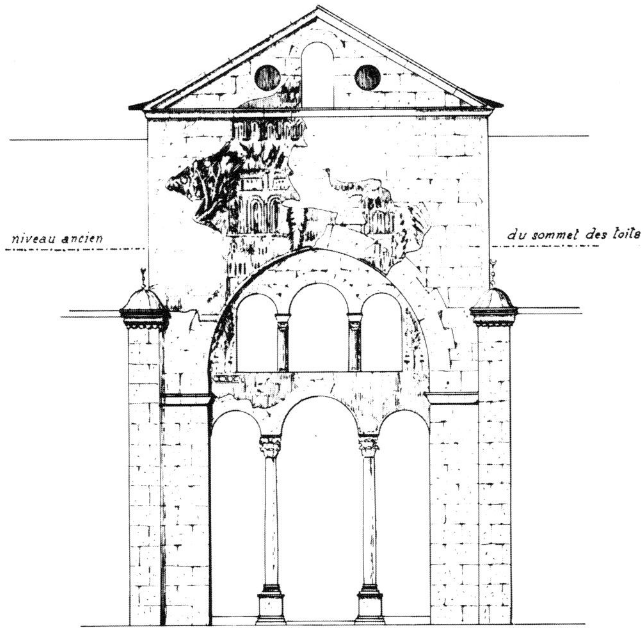

102. Damaskus, Große Moschee, die Nordfassade des Mitteltraktes (a) (nach Lucien Golvin).

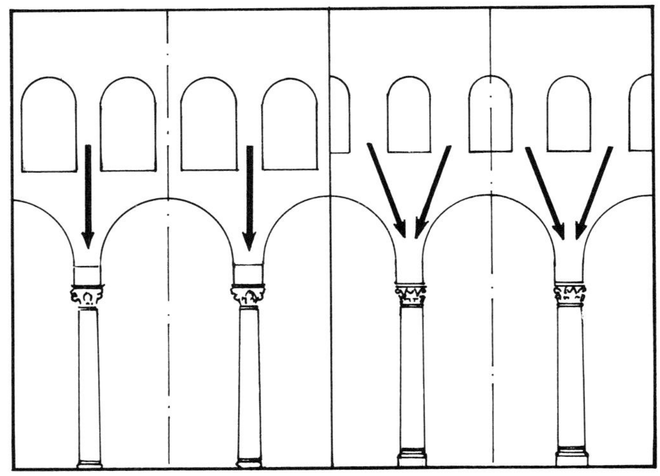

103. Die Tragewände von Damaskus und der syrischen Basilika in Serdjibleh.

104. Qalat-Seman, die Hochschiffwand von S. Simeon (nach Vogüé).

Im Vergleich zu den syrischen Hochschiffwänden wirken die Bogenwände von Damaskus leichter, zerbrechlicher. Der Abstand zwischen den Bogenscheiteln der unteren Arkaden und dem Ansatz der oberen Fenster ist hier verhältnismäßig gering. Zudem befindet sich bei den meisten syrischen Hochschiffwänden je ein Fenster über dem Bogen, d. h., der Bogen wird am Scheitel nicht durch eine Stütze belastet. In Qalat-Seman, wo diese Regel nicht berücksichtigt wurde, ist der Aufbau der Hochschiffwand völlig anders. Zwischen den Arkaden und den oberen Fenstern erstreckt sich eine ca. 2 Meter hohe Wand. Die Obergadenfenster, die von kleinen, auf Konsolen stehenden Säulen flankiert sind, bilden einen horizontalen Streifen.

Einmalig in der Geschichte der islamischen Architektur ist die Gestalt des Hauptportals; vor allem der Dreieckgiebel. Auch die dreiteiligen Arkaden mit übergreifenden Bogen finden im Folgenden in der arabischen Architektur keine Anwendung mehr. Erst nach dem 14. Jahrhundert wird diese byzantinische Wandkomposition in die Formsprache der türkischen Moscheen-Architektur integriert.

mit regelmäßigen Bogenöffnungen. Als Wandfläche spiegelte sie das von den Hofarkaden her einfallende Licht zurück. Die scharfen Kanten der in sie hineingeschnittenen Bogen machten ihre Körperhaftigkeit als Tragewand deutlich. Zwischen der hellen Wandfläche und den dunklen Bogenöffnungen war ein eindeutiger Gegensatz. Heute gleitet das Licht durch die balustradenähnlichen Säulenarkaden von einem Schiff ins andere und verwischt die ursprünglichen Hell-Dunkel-Gegensätze.

Die Südseite (Qiblawand) der beiden Seitenflügel besteht aus einer geschlossenen Wand mit Obergadenfenstern, die die gleichen Abmessungen haben wie die oberen Bogenöffnungen der Tragewände. Auch ihr Rhythmus entspricht dem Rhythmus der Bogenöffnungen.

Die Nordseite (Hoffassade) besteht aus einer Pfeilerarkadenwand. Auch hier wird der Rhythmus der inneren Tragewände wiederholt. Ungewöhnlich ist die Gestalt der Süd- und Nordfassaden des Mitteltraktes. Eine so helle, mit zweireihigen Fenstern ausgestattete Mihrabwand kommt in der arabischen Moscheenarchitektur sonst nirgends vor. Abweichend von der islamischen Tradition erscheint aber vor allem die Nordwand. Sie bildet das Hauptportal des Gebäudes. Mit ihrem großen, übergreifenden Hauptbogen, dem Dreierrhythmus der übergriffenen Bogenwand und dem Giebel als Abschluß erinnert sie stark an die byzantinischen Palastfassaden. Zur syrischen Tradition gehört zwar – wenn auch selten – der Dreieckgiebel, aber die Gliederung der Wand in übergreifenden Bogen und Füllwand ist typisch byzantinisch und kommt nur in Nordsyrien vor (Rusapha, Qasr-ibn-Wardan, Alahan usf.).

Die Gestalt dieser Portalfassade, die Kämpferkapitelle und der Mosaikschmuck im Inneren und an der Fassade zeigen eindeutig die Mitwirkung byzantinischer Werkmeister. Später bei den Portalbauten der nordafrikanischen Moscheen (Kairuan, Tunis) wird diese Portalform nicht mehr wiederholt. Der Dreieckgiebel bleibt in der ganzen Geschichte der islamischen Architektur ausgeklammert. Der übergreifende Bogen mit dreiteiliger Bogenwand wird erst nach dem Anfang des 14. Jahrhunderts in der Osmanischen Moscheenarchitektur wieder aufgenommen.

Auf die Ähnlichkeit dieser Portalfassade mit den byzantinischen Palastfassaden hat bereits K. A. C. Creswell hingewiesen[18], jedoch nicht im Hinblick auf die Ähnlichkeit der Wandgliederung, sondern auf die Gesamtkomposition. In diesem Zusammenhang weist er auf die frappante Ähnlichkeit der Damazener Hoffassade mit der Fassade des Theoderich-Palastes in Ravenna hin, die zwar nicht mehr existiert, aber auf einem Mosaikbild in S. Apollinare dargestellt ist. Creswell glaubt, in den bildlichen Darstellungen der Architektur eine verläßlichere Quelle für architektonische Rekonstruktionen zu sehen, da ihm die schriftlichen Quellen nicht klar genug erscheinen.

In Sachen bildliche Darstellung der Architektur möchte ich eher vorsichtig sein, da vor allem die byzantinischen Darstellungen selten eine einheitliche Frontalansicht eines Gebäudes zeigen. Perspektive und Isometrie wurden vor dem 12. Jahrhundert kaum versucht. Bei Darstellungen von Gebäuden wurden oft die Innen- und Außenansicht oder zwei Fassaden auf derselben Fläche nebeneinander dargestellt. Zahlreiche Basilika- oder Baldachin-Darstellungen in den byzantinischen Mosaiken zeigen dies zur Genüge. Im Fall vom Mosaik von Ravenna scheint mir eher, daß es sich hier um mehrere Fassaden des Palasthofes handelt, die auf der gleichen Ebene dargestellt werden.

Einzelne Motive der Großen Moschee von Damaskus – wie etwa Arkaden an der Hoffassade oder die Gestalt des Portals – gehen sicher auf Byzanz zurück. Doch das Mosaik von Ravenna scheint mir nicht verläßlich genug, um sich daraus ein genaues Bild von den byzantinischen Palastfassaden zu machen und dieses Bild zu verallgemeinern.

Die Gestalt der Damazener Hoffassade ist eher ein Ergebnis der Bemühungen, das vorgefundene fremde Formmaterial den eigenen Zwecken und Bedürfnissen anzupassen: Wichtig für die Vorstellung der Erbauer war vor allem, daß die Bethalle in jeder Achse zugänglich ist und vom Hof her genügend Licht hereinfällt.

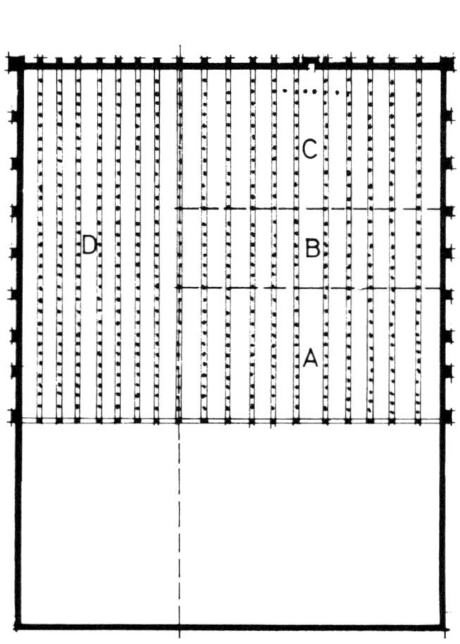

105. Cordoba, Grundriß der Großen Moschee nach der vierten Erweiterung und vor dem Bau der Kathedrale.

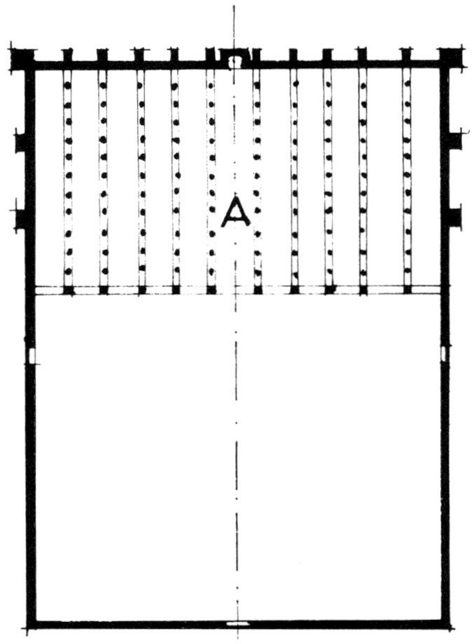

Cordoba, Grundriß der Gründungsmoschee.

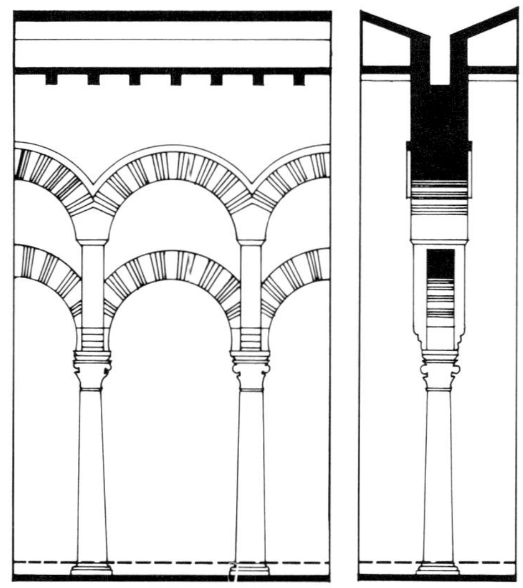

106. Cordoba, Große Moschee, die Tragewände der Bethallen.

In Cordoba durchdringen Pfeilerarkaden und Säulenarkaden einander und bilden zusammen ein einheitliches Tragesystem. In dieser Form vereinigt, treten Pfeiler und Säule hier zum ersten Mal als Stütze in Funktion.
Die Durchdringung von zwei, für sich betrachtet intakten Arkadenreihen erzeugt eine doppelte „Leseart" der statischen Verhältnisse: Die Säulenarkaden, die eigentlichen Träger der Pfeilerwand, erscheinen sowohl als eine durchgehende Arkadenreihe wie auch als eine Folge von einzelnen, zwischen den Pfeilerarkaden eingespannten Bogen.

Die Große Moschee von Cordoba

Die erste eigenständige architektonische Leistung der Araber ist die Moschee von Cordoba. Auch hier wird zwar – wie in Syrien – vorgefundenes Säulenmaterial verwendet, und die traditionelle Form der mehrschiffigen Bethalle wird beibehalten. Mit den vorgefundenen Säulen und Kapitellen werden jedoch neue Konstruktionsmethoden gefunden und kühne Formkombinationen erdacht. Das Neue bleibt nicht bloß Experiment. Die neugefundenen Konstruktionsformen werden von Anfang an mit Meisterschaft bewältigt. Während der folgenden Erweiterungen der Bethalle entsteht aus dem bei der Gründung der Moschee geprägten doppelschichtigen Bogensystem eine Reihe von komplexen Tragesystemen von sich kreuzenden Bogen.
Der erste Bau, der unter Abd ar-Rahman 785 an Stelle der westgotischen Kirche S. Vincenze errichtet wurde, war eine neunschiffige Säulenhalle mit doppelgeschossigen, zur Qiblawand senkrecht laufenden Bogenstellungen. 833–848 wurde die Bethalle an den Ost- und Westseiten um je ein Schiff und in der Südrichtung um acht Bogenachsen erweitert. 961 ließ Al Hakam II. die bestehende Qiblawand, d. h. die Südwand, abtragen und die Bethalle in der Südrichtung um zehn Joche erweitern. Bei dieser Erweiterung wurden der Vormihrabraum und die beiden Joche links und rechts mit Kuppeln versehen. 987–988 erfuhr die Bethalle eine letzte Erweiterung, diesmal in der Ostrichtung. So entstand eine neunzehnschiffige Halle mit einem asymmetrischen Grundriß. Die Länge der Qiblawand betrug 138 Meter, die Zahl der Säulen über 600. Mit den beiden Moscheen von Samarra (Mitte 9. Jahrhundert) hat die Moschee von Cordoba die größte Bodenfläche aller arabischen Bethallen.
Zwischen dem Bau der Großen Moschee von Cordoba und der Omaijaden-Moschee in Damaskus liegen 80 Jahre. Von den Säulenhallen, die in-

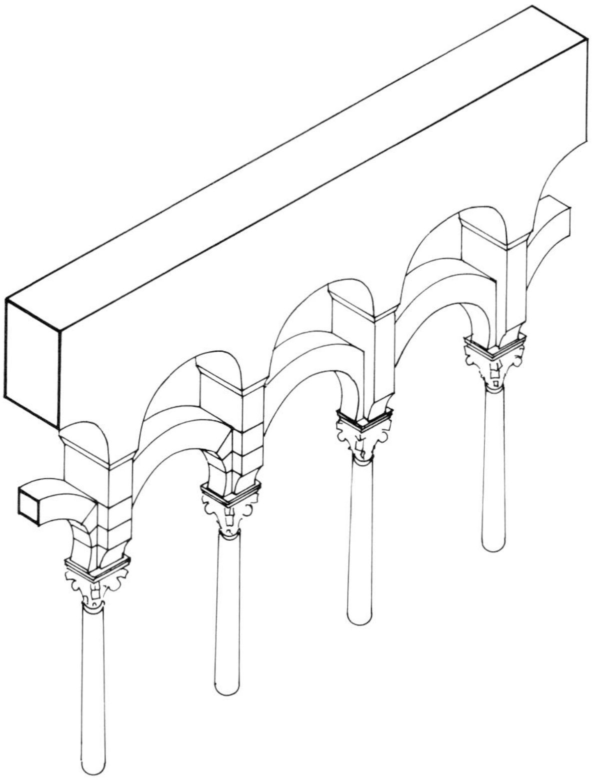

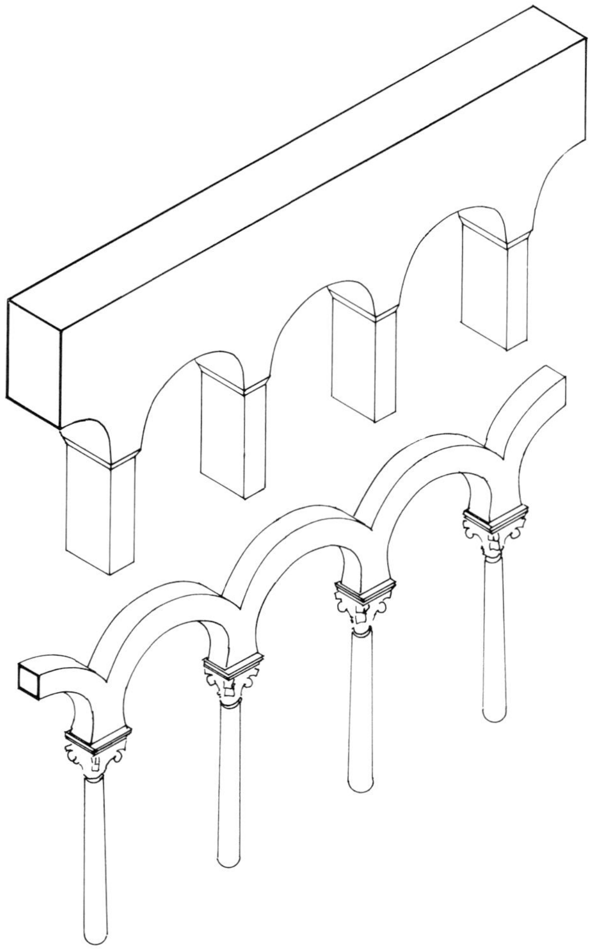

107. Cordoba, Große Moschee, die Tragewände der Bethallen.

nerhalb dieser Zeitspanne gebaut wurden – z. B. Raqqa, Amr II., Kairuan I. – ist keine mehr in ihrer ursprünglichen Gestalt erhalten. Viele wurden durch größere Bethallen ersetzt oder mehrere Male erweitert. Daß alle obengenannten Moscheen Bogenstellungen hatten, ist aus den zeitgenössischen Berichten zu entnehmen, doch über den Aufbau der Tragewände gibt es keine genauen Angaben.

Cordoba mit ihren doppelgeschossigen Arkadenreihen bildet eine Ausnahme innerhalb der frükarabischen Säulenhallen. Die neuen Bethallen von Amr und Kairuan, die ungefähr ein halbes Jahrhundert nach Cordoba errichtet wurden, haben einfache Bogenstellungen. Einige Autoren haben die Doppelgeschossigkeit der Arkaden von Cordoba mit den Tragewänden von Damaskus in Zusammenhang bringen wollen und sie als typisch omaijadisch eingestuft[19]. Doch sind die Tragesysteme dieser beiden Moscheen weder konstruktiv noch statisch miteinander zu vergleichen. Die Tragewände von Damaskus gehören jenem Konstruktionsprinzip an, das ich im Zusammenhang mit den römischen Arkadenwänden als „additiv“ bezeichnet habe. Während wir bezüglich der Gestalt der Tragewände von Damaskus in der syrischen Lokaltradition auf eine lange „Ahnenreihe“ zurückblicken können, ist in der Architekturgeschichte des Mittelmeerraumes kein einziges Beispiel zu finden, das als Vorbild oder Vorstufe der Tragewände von Cordoba gelten könnte. In der Literatur über Cordoba wird allerdings einstimmig angenommen, daß der römische Aquädukt von Merida mit seinen hohen Tragepfeilern und den dazwischen eingespannten Aussteifebogen den Bogenkonstruktionen von Cordoba als Vorbild gedient habe. Auf den ersten Blick scheinen die Tragewände von Cordoba tatsächlich nach dem

108. Cordoba, Große Moschee, Zeichnung von M. C. Escher.

„divisiven" System der römischen Arkadenwände konstruiert zu sein, weil auch hier die obere Reihe die Hauptarkaden bildet und den unteren Bogen keine Tragefunktion zukommt. Genauer betrachtet können wir jedoch das Tragesystem von Cordoba weder zu den „additiven" noch zu den „divisiven" mehrstöckigen Arkadensystemen rechnen, weil die statischen Verhältnisse, die hier zugrunde liegen, völlig anders sind. Die nach dem „divisiven" Prinzip gebauten Arkadenwände der Römer waren ausschließlich *Pfeilerarkaden.* In Cordoba wird bereits in der Gründungsmoschee ein Tragesystem erfunden, in dem *Säule und Pfeiler* zusammen als Stütze in Funktion treten. Doch ist dies nicht die einzige Ursache, die die Komplexität der hier herrschenden statischen Verhältnisse ausmacht.

In Cordoba geschieht eine *Durchdringung* zweier Tragesysteme, nämlich der Pfeilerarkaden und der Bogenarkaden. In der Literatur über Cordoba wird die geringe Höhe der zur Verfügung stehenden westgotischen Säulen als einer der Gründe für die doppelstöckigen Bogenwände angeführt; doch diese praktische Überlegung genügt nicht, um die Struktur der Tragewände zu erklären. Die gleiche Höhe wäre auch durch andere Konstruktionsmethoden zu erreichen gewesen. Die Große Moschee von Damaskus mit ihren doppelgeschossigen Tragewänden war den Erbauern von Cordoba sicher nicht unbekannt. War-

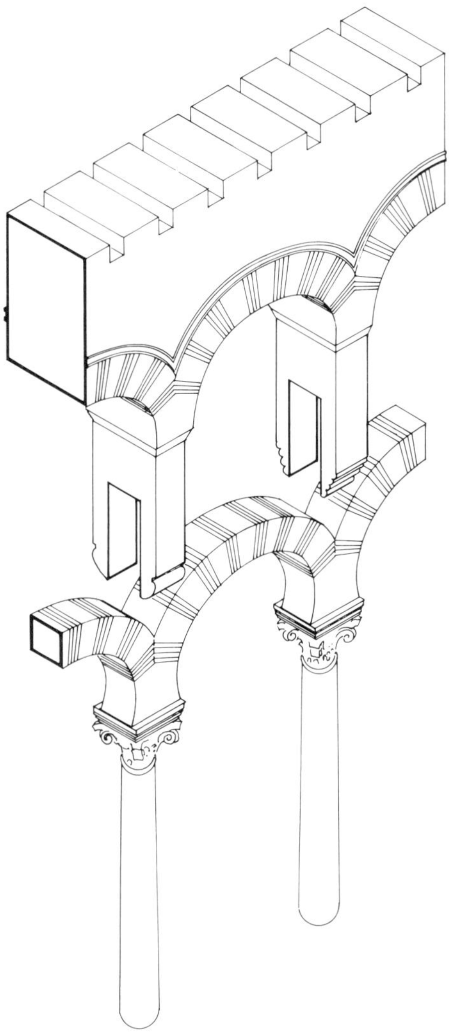

109. Cordoba, Große Moschee, die „Zerlegung" der Tragewand.

110. Cordoba, Große Moschee, die Tragewand der ersten Bethalle.

um blieb man nicht bei einer altbewährten Lösung und kam auf ein kompliziertes Konstruktionssystem, das nicht nur größeren Arbeitsaufwand verursachte, sondern auch wesentlich mehr Säulen notwendig machte? Vermutlich erschienen den Erbauern die Form und die Proportionen von Damaskus der christlichen Basilika zu nahe. Man wollte zwar einen höheren Raum, aber nicht die Betonung der Höhe. Man besann sich auf eine Formel für eine doppelgeschossige Tragewand, die paradoxerweise nicht die Vertikale, sondern die horizontale Dimension unterstreichen sollte.

Durch das „Ineinander-Verschachteln" der beiden Systeme erreichte man optisch ein völlig anderes Resultat als in Damaskus, wo beide Systeme übereinandergestellt, also summiert, sind. In der Bethalle von Cordoba entsteht in der Zone, wo die Pfeiler und die Hufeisenbogen sich durchdringen, eine gedrängte, intensive Raumschicht, die optisch die Funktion einer Decke ersetzt. Die Kämpferplatten betonen den „Boden" der Pfeilerarkaden. Ihre endlose Wiederholung im Horizontalen wirkt wie eine über die Säulenkapitelle gespannte durchsichtige Ebene. In dieser schwingen sich die Bögen und erzeugen im Raum eine doppelschichtige Wellenbewegung, deren Anfang und Ende dem Auge unfaßbar bleibt. Die wirkliche, abmeßbare Höhe und die eigentliche Decke der Bethalle verlieren so ihre Präsenz.

111., 112. Cordoba, die Durchdringungszone der Pfeiler und Säulenarkaden in der ersten Bethalle. Hier wurden westgotische Kämpferplatten verwendet.

113. Cordoba, die Konsolenform der zweiten Bethalle.

Frontal gesehen bilden die Säulen, die auf Konsolen endenden Pfeiler und die obere Bogenwand ein einheitliches, hochgestelztes Arkadensystem, das auf mittlerer Höhe von einer der oberen Bogenreihe parallel laufenden Reihe von einzelnen Bogen durchzogen ist. Doch der Abstand zwischen den Tragewänden (7,5 Meter) und die Dichte der Säulen in der Richtung der Bogenstellungen (2,5 Meter) ermöglichen im Raum kaum reine Frontalansichten. In der Regel erscheinen die Tragewände dem Eintretenden in Schrägansicht. Seitlich gesehen präsentiert sich aber die untere Reihe als eine *kontinuierliche* Arkade.

Rein optisch ist der Eindruck folgender: Die Pfeiler, die die obere Bogenwand tragen, wirken unten ausgehöhlt, als bestünden sie etwa zu $^{2}/_{3}$ aus Flachpilastern, die auf Konsolen enden. Es ist, wie wenn die untere Bogenreihe von Pfeilern der oberen Reihe eingeklammert würde; oder anders ausgedrückt, wie wenn die massive Pfeilerwand auf den unteren Bogenarkaden „reiten" würde.

Diese zweifache Leseart, d. h. die Erscheinung der unteren Arkaden sowohl als eine durchgehende,

Die Ansätze der oberen Pfeiler und die Anfänger der unteren Bogen sind in Cordoba aus dem gleichen Steinquader herausgehauen. In dieser „Durchdringungszone" sind also die beiden Arkadensysteme tatsächlich miteinander verwachsen. Die doppelte „Leseart" ist so bei diesem Wandsystem in seiner Konstruktion begründet. Das Lasten einer viel schwereren Pfeilerwand auf einer grazilen Säulenarkade wird optisch dadurch gemildert, daß die unteren Teile der Pfeiler als Konsolen gestaltet sind. Die Form dieser Konsolen wird in den verschiedenen Bauetappen abgewandelt. Eine genaue Betrachtung dieses Formwandels zeigt, mit welcher Bewußtheit die Baumeister die Wirkung der „Kopflastigkeit" zu umgehen versucht haben. In der I. Bethalle (Abb. 111, 112) verwendete man westgotische Kämpferplatten. Diese Platten haben einen quadratischen Grundriß. Die Konsolen enden auf den Kämpferplatten. In der I. Bethalle bestehen die Konsolen aus vier abgestuften Profilen, die volutenartig zusammengerollt sind. In der II. Bethalle gab man diese komplizierte

114. 

116. 

115. Cordoba, die Durchdringungszone in der dritten Bethalle.

114. Cordoba, die Bogen des Mittelschiffes der dritten Bethalle.
116. Cordoba, die neue Form der Kämpferplatten und Konsolen in der dritten Bethalle.

Konsolenform auf und ließ die Pfeiler mit einem schlichten Viertelkreisprofil enden (Abb. 113, 114). Diese Lösung wirkt eher schwerfällig. In der III. Bethalle werden Konsolen wieder eingeführt, und zwar ohne grundsätzliche Formveränderung. Doch die Form der Kämpferplatten ist hier neu. In der III. Bethalle werden nicht mehr vorgefundene quadratische Platten verwendet, sondern eigens für diesen Zweck angefertigten Platten mit kreuzförmigen Grundriß. Die Maße der Kreuzarme entsprechen nun genau der Breite der Konsolen und den Leibungen der unteren Bogen. Durch diese Modifikation der Kämpferform wird eine präzise Artikulation der beiden sich durchdringenden Arkadensysteme erreicht (Abb. 115, 116).

117. Cordoba, die erste Bethalle.

118. Merida, der Aquädukt „Los Milagros" (nach Torres Balba).

intakte Bogenreihe als auch als eine Folge von einzelnen, zwischen den Hauptarkaden eingespannten Bogen, läßt das System auch statisch als ein ambivalentes Gefüge erscheinen. Beim näheren Betrachten stellt man fest, daß diese Sowohl-als-auch-Beziehung der beiden ineinander verzahnten Bogensysteme auf eine neuartige Konstruktionsmethode zurückgeht. Die Säulen sind hier die eigentlichen Träger des Systems. Auf ihren Kapitellen tragen sie Deckplatten, die den Pfeilerkonsolen, aber auch zugleich den Anfängern der unteren Bogen als Widerlager dienen. Ein raffiniert ausgearbeiteter Steinquader über der Deckplatte bildet sowohl die Anfänger der Bogen wie auch die Konsolen der Pfeiler. Auch der daraufgelegte zweite Steinquader gehört *zugleich zum Bogen und zum Pfeiler.* Erst mit dem Beginn der Backsteineinlage lösen sich Bogen und Pfeiler voneinander und entfalten sich als selbständige Elemente im Raum. Wir stehen hier vor zwei ineinander verschachtelten Systemen, deren tektonische Beziehungen zueinander mit keinem der bisher üblichen Wandsysteme vergleichbar sind.

In der römischen oder byzantinischen Architektur, wo immer Übergreifen und Übergriffenwerden als Wandgliederung in Erscheinung treten, ist der übergreifende Teil eine selbständige architektonische Einheit, die *trägt* und *faßt.* In Cordoba sind hingegen die Säulenarkaden nicht wie die Schildwände der byzantinischen Kuppelkirchen sekundäre Elemente, sondern *sie sind die Träger.* Die übergreifende Einheit stützt und faßt nicht die übergriffene, sondern sie wird von ihr getragen. Der Kontakt des

Konstruktionsmethoden der römischen Architektur, die aus verschiedenen praktischen oder technischen Überlegungen resultierten, wurden später auch an den islamischen Tragewänden angewendet; so die sich kreuzenden Tonnen und kleinen Fensteröffnungen zwischen den Bogen.

119. Rom, die Fabricio-Brücke, Stich von G. B. Piranesi.

übergreifenden Hauptsystems mit dem Boden geschieht durch sie.

So haben die Säulen die Funktion sowohl als Elemente einer kontinuierlichen Arkadenreihe wie auch als Bestandteile – verbindende Elemente – eines „divisiven" Arkadensystems.

Christian Ewert, der sich lange Jahre mit den Tragewänden von Cordoba beschäftigt und ein umfassendes Tafelwerk[20] über die sich kreuzenden Bogen der III. Bethalle herausgegeben hat, vertritt ebenfalls die allgemein verbreitete Meinung, daß der Aquädukt von Merida die arabischen Baumeister zur Idee eines doppelgeschossigen Arkadenbaus angeregt habe: „Welche Vorläufer haben die Cordobeser Doppelbogenreihen? Der Cordobeser Bogentyp unterscheidet sich stark von den Bogenstellungen, auf denen in früheren oder gleichzeitigen Moscheenbauten Nordafrikas die flachen Holzdecken ruhen. Dort sind häufig auf die Kapitelle der Säulen, ähnlich wie in Cordoba, Aufsätze in der Form eines Pyramidenstumpfes gesetzt. Darauf sind niedrige, würfelförmige Klötze gemauert, die die Bögen aufnehmen. In diese Mauerwürfel greifen auch waagrechte Holzbalken ein, die nicht nur in der Arkadenrichtung, sondern auch quer gespannt sind. Diese Anordnung findet sich z. B. in der Amr-Moschee in Fustat, in der Zeytuna-Moschee in Tunis und in der Hauptmoschee von Kairuan. Man kann also den Cordobeser Typ als eine Abwandlung und Erweiterung des nordafrikanischen Systems begreifen. Die Holzbalken wurden in Cordoba durch Hufeisen ersetzt, die niedrigen Mauerklötze auf den Kapitellaufsätzen zu einer oberen Pfeilerreihe erhöht"[21]. Und an anderer Stelle schreibt Ewert: „Welche Bauten regten die Baumeister von Cordoba an? Gomez Merano vermutet, daß ein römischer Ingenieurbau in Spanien das Vorbild abgab: die hohen Pfeiler des augustäischen Aquädukts ‚Los Milagros' in Merida. . . . ich neige zur Ansicht von Gomez Merano: die Zwischenbögen in den römischen Aquädukten haben dieselbe aussteifende Funktion wie die Hufeisen in Cordoba"[22].

In seinen Betrachtungen und Überlegungen übersieht Christian Ewert einiges, wie z. B. die Tatsache, daß die heutige Gestalt der drei von ihm genannten Moscheen (Amr, Kairuan, Zeytuna) später als die Gründungsmoschee von Cordoba entstanden sind: Amr III. (827)[23], Zeytuna (856), Kairuan (834/862). Die erhaltenen schriftlichen Quellen geben kaum eine genaue Beschreibung der Tragewände dieser Moscheen. Der Typus mit „würfelförmigen Mauerklötzen" und hölzernen oder eisernen Ankern etablierte

120. Rom, Caesar-Forum.

Neben den „additiven" und „divisiven" Konstruktionssystemen der doppelgeschossigen Arkaden wurden in Rom auch einige weitere Varianten entwickelt. Im Caesar-Forum z. B. üben die beiden unteren Flachbogen weder eine aussteifende noch eine tragende Funktion aus. Sie sind selbsttragende Bogen (Abb. 120). In den suburbanen Thermen von Herculanum werden doppelgeschossige Bogen von Säulen getragen. Die Pfeiler über den Säulen sind durchgehend; hier haben die unteren Bogen eine Aussteifefunktion (Abb. 123).

121. Bordeaux „Piliers de Tutelles", Zeichnung von Claude Perrault.

Eine neuartige Kombination von Kolonnaden und Pfeilerarkaden entsteht in der spätrömischen Architektur. Über den Architrav erheben sich massive, gedrungene Pfeiler, die durch Rundbogen miteinander verbunden werden (Abb. 122). Bei den sog. „Piliers de Tutelles" in Bordeaux, die vermutlich auf das 3. Jahrhundert zurückgehen und von Claude Perrault im Jahr 1669 gezeichnet wurden, kommt eine ähnliche Konstruktionsart vor (Abb. 121).

122. Rom, Doppelgeschossige Arkaden in der Pantheon Vorhalle.

123. Herculanum, doppelgeschossige Bogen in den suburbanen Thermen.

124. Cordoba, die erste Bethalle. – 125. Cordoba, die vierte Bethalle. Die aus Beton hergestellten monochromen Bogenstellungen haben die gleichen Abmessungen, wirken jedoch viel schwerfälliger.

126. Cordoba, Blick von der vierten in die erste Bethalle.

127. Cordoba, die Durchdringungszone der Arkaden in der ersten Bethalle.

128., 129., 130. Toledo, Bib-Mardun-Moschee, die senkrecht aufeinander stoßenden Bogenwände (Kapelle „Cristo de la Luz").

In der Bib-Mardun-Moschee in Toledo, die etwa 20 Jahre nach der III. Bethalle von Cordoba errichtet wurde, finden die kreuzförmigen Kämpferplatten eine adäquatere Verwendung. In dieser kleinen Halle, in der die Tragewände nicht freistehen, sondern senkrecht aufeinanderstoßen, sind die Kämpfer in der Tat ein Bestandteil des Bogens. Sie ergänzen den Bogen, sie runden ihn nach unten ab. Ihr keilfömriges Profil steigert die Spannung des Hufeisenumrisses und läßt die Last des Bogens unmittelbar in das Säulenkapitell „fließen".

sich in Nordafrika nachweisbar etwa 40 Jahre nach dem Bau der I. Bethalle von Cordoba. Nach Ewerts Auffassung sind die unteren Hufeisen in Cordoba Aussteifeelemente, und sie wurden notwendig, „um das Ausknicken im Bereich der Doppelstützen zu sichern"[24]. Ewert meint, daß der kritische Knickpunkt an der Naht der beiden Stützen liege. Wo Ewert diese Nahtstelle sieht, geht jedoch aus seinen Ausführungen nicht deutlich genug hervor. Mir scheint es sinnwidrig, daß man die an sich schon ziemlich schmalen Pfeilerkörper durch Eingreifen der „Aussteifebogen" noch geschwächt hatte. Rein statisch gesehen, tragen eigentlich die Teile der Hufeisenbogen, die sich frei im Raume spannen, nichts als ihr Eigengewicht. Ihr Anfänger und die daraufliegende zweite Schicht hingegen sind zugleich ein wesentlicher Teil der aus Säule und Pfeiler sich zusammensetzenden Stütze: Hauptsächlich in den Anfängern der Hufeisen findet die Gewichtsübertragung vom Pfeiler zur Säule statt.

An anderer Stelle schreibt Ewert von „Verzahnung" der Pfeiler und der Aussteifeelemente (Hufeisenbogen) über einer Höhe von 1,40–1,50 Metern. Damit weist er selber darauf hin, daß die Hufeisenarkaden eine kontinuierliche Reihe bilden. Wären die Hufeisenbogen tatsächlich reine Aussteifeelemente, so hätten sie den Horizontalschub der oberen Bogenreihe vermindert. Die durch den seitlichen Horizontalschub der nördlichsten Hufeisenbogen erzeugten Schäden an der Hoffassade zeigen jedoch, daß die untere Bogenreihe Bestandteil eines Arkadensystems bildet, das mit dem oberen Bogensystem „zusammengewachsen" ist.

Obwohl in Cordoba eine schwerere, massivere architektonische Einheit auf eine „zartere", leichtere Einheit übergreift und von dieser getragen wird, wirken die Tragewände nicht schwerfällig. Die Komplexität ihrer Statik läßt sie labil und „gelenkig" erscheinen. Zwei Faktoren tragen dazu bei, daß die doppelt so dicke, obere Bogenwand von den Säulenarkaden eher mit Leichtigkeit getragen zu werden scheint: der Farbenwechsel der Bogensteine und die leichte Hufeisenform der unteren Bogenreihe. So wie in Cordoba die Säulen und Kapitelle fast ausschließlich Spolien sind, waren auch diese beiden Architekturmotive keine arabischen Erfindungen. Der Farbenwechsel geht auf Byzanz zurück; in der islamischen Architektur wurde es bereits im Felsendom angewendet. Der Hufeisenbogen kam vermutlich durch die Westgoten nach Spanien.

Die Kombination der beiden war aber eine rein arabische Idee und wurde zum ersten Mal in Cordoba realisiert. Der Farbenwechsel wird an den oberen und unteren Bogenreihen konsequent durchgeführt, während die Hufeisenform nur auf die unteren Bogen beschränkt bleibt. Die oberen Bogen sind abgeflachte Rundbogen. Ihr Zentrum liegt ungefähr 5,5 cm unterhalb der Kämpferlinie. Diese formale Unterscheidung der tragenden und getragenen Bogenreihen ist von entscheidender Wirkung für die Überwindung der Kopflastigkeit.

Die Hufeisen ruhen auf schlanken Säulen, und der Bogenkörper spannt sich frei im Raum. Ihr Zentrum liegt etwa 20 cm über der Kämpferlinie. Durch diese Erhöhung einerseits und die Form des Hufeisens anderseits wirken sie straff und gespannt. Obwohl sie statisch keine tragende Funktion ausüben, erscheinen sie als eine durchgehende, mittragende Arkadenreihe. Durch ihre Gestalt wird das Tragen in der unteren Bogenreihe zu einem „dynamischen" Geschehen. Oben hingegen sind die Rundbogen leicht abgeflacht. Die geschlossene Form des Halbkreises öffnet sich so nach unten. Die obere Bogenreihe hat keine Kapitelle; nur ein flaches Profil markiert den Übergang zwischen Bogen und Pfeiler. Die Last der Bogenwand fließt unmittelbar in die Pfeiler. An den Tragewänden von Cordoba herrscht zwischen den beiden Arkadenreihen zwar ein Ausgleich, jedoch keine Harmonie. Das Durchdringen der Elemente verschleiert die Eindeutigkeit der statischen Verhältnisse. Das architektonische „Bild", das sich hier ergibt, ermöglicht zwei verschiedene *Lesearten;* das Ergebnis der Gewichtsverteilung bleibt aber konstant, ähnlich einer algebraischen Gleichung mit zwei Unbekannten. Es herrscht eine Äquivalenz zwischen den oberen und den unteren Bogenreihen. Die Masse der tragenden und die der getragenen Baukörper halten einander die Waage.

Die Last der Bogenwand fließt durch den Pfeiler hindurch und wird unten von Konsolen abgefangen, die auf den Kämpferplatten der unteren Bogenreihe enden. An der Innenseite bilden die gleichen Kämpferplatten das Widerlager der Hufeisenbogen. Wie ich bereits bemerkt habe, sind die Konsolen und die Anfänger der Hufeisenbogen aus dem gleichen Steinquader herausgehauen. Dieses doppelgeschossige System erfuhr bei den verschiedenen Erweiterungen keine prinzipielle Veränderung. Die Konsolen haben jedoch bei jeder Erweiterung eine neue Form erhalten. Daß innerhalb des ganzen Systems nur dieses scheinbar dekorative Motiv eine Wandlung erfahren hat, erscheint auf den ersten Blick überraschend. Vergleicht man die drei verschiedenen Konsolenformen in chronologischer Reihenfolge miteinander, so ist eine Art „Korrektur" festzustellen, d. h. ein Bestreben zur Präzisierung ihrer Funktion. Von außen gesehen gleitet die Last der Bogenwand durch sie hindurch in die Säulen, und erst durch die Vermittlung der Konsolen schmelzen Pfeiler und Säule zu einer einheitlichen vertikalen Stütze zusammen. Der Fluß der Last kanalisiert sich in den Konsolen; in ihrer Gestalt wird die Intensität der Gewichtsübertragung sichtbar.

Die Konsolen der Gründungsmoschee bestehen aus vier abgestuften Wulststäben, die im Profil volutenartig zusammengerollt sind. Die Kämpfersteine der Gründungsmoschee sind eher flach und haben die Form eines umgekehrten Pyramidenstumpfes. Hier, wie auch in der ersten Erweiterung, sind die Kämpfer durchwegs Spolien, die vermutlich aus den westgotischen Kirchen stammen.

Die vertikale Verbindung von Säule und Pfeiler war

eine neue architektonische Idee, die Konsole als das verbindende Glied mußte daher neu formuliert werden. Die Aufgabe war, den Gegensatz zwischen dem schweren Oberbau und den zarteren Hufeisenarkaden *optisch* auszugleichen.

Bei der ersten Vergrößerung der Bethalle erhalten die Konsolen eine neue Form. Sie bestehen nicht mehr aus vier Stäben und haben keine Volutenprofile mehr. Der untere Teil der Pfeiler wird mit einem schlichten Viertelkreisprofil abgerundet. Nur an den beiden neu hinzugefügten äußeren Seitenschiffen versucht man, dem Viertelkreis die Gestalt einer „Röhre" oder „Rolle" zu geben, indem man sie durch horizontale Rillen unten von der Kämpferplatte und oben vom Pfeilerkörper abgrenzt. Durch diese horizontalen „Schattenfugen" heben sie sich von ihrer Umgebung ab und erhalten so eine ihrer Aufgabe entsprechendere Form. Es mag sein, daß die Zeitnot die Ursache war, daß man im Bau der II. Bethalle die Durchführung dieser horizontalen Rillen unterlassen hat. Verglichen mit den andern Teilen der Bethalle wirken deshalb die Tragewände dieser ersten Erweiterung viel schwerfälliger.

Weshalb man bei der ersten Erweiterung von der anfänglichen Lösung abging, d. h. von mehreren dünnen Stäbchen zu einer massiveren, weniger artikulierten Konsolenform kam, ist schwer zu beantworten. In der zweiten Erweiterung der Bethalle wird wiederum auf die Konsolenform der I. Bethalle zurückgegriffen und zugleich die Form der Kämpferplatte modifiziert. Durch die Einführung einer neuen Kämpferform wird die Artikulation der Konsole vollendeter. Die Kämpferplatten der zweiten Erweiterung sind keine Spolien mehr, sondern sie werden eigens für ihren Zweck angefertigt. Diese neuen Kämpferplatten haben einen kreuzförmigen Grundriß. Die Abmessungen der Kreuzarme sind der Breite der Konsolen und den Hufeisenbogen genau angepaßt. So ist der Kämpfer nicht mehr eine vorgefundene Platte von zufälliger Breite und Höhe. Er erscheint nun als eine präzise Ergänzung der Hufeisenbogen und der Pfeilerkonsolen.

Die Modifikation der Kämpferform bewirkt eine genauere Unterscheidung der beiden sich durchdringenden Arkadensysteme. Die Säule als der eigentliche Träger des ganzen Systems erhält so eine direktere Verbindung zur oberen Arkadenreihe. Indem die beiden Arkadensysteme nun bis zum Kapitell „sauber" auseinandergehalten werden, wird die Art, wie sie einander durchdringen, deutlicher sichtbar. Durch diese an sich kleine Formveränderung, die im Grunde aus Weglassen der funktionslosen Ecken der Kämpferplatten besteht, erreicht man die Vollendung des 180 Jahre zuvor in der Gründungsmoschee formulierten Tragesystems.

Durch die „Verlängerung" der Konsolen in die Kreuzarme der Kämpferplatte erscheinen die Pfeiler schlanker und leichter. An den Innenseiten werden die Hufeisenbogen durch die neue Gestalt der Kämpferplatte erhöht, die Hufeisenform erscheint betonter, die Bogen wirken straffer und gespannter. Diese kleine formale Modifikation der Kämpfer präzisiert die Gewichtsverteilung zwischen den beiden Arkadensystemen.

Das doppelgeschossige Tragesystem von Cordoba wird nicht zum Vorbild für die Moscheenbauten der anderen islamischen Bereiche. Im 9. und 10. Jahrhundert entstehen in Mesopotamien und in Nordafrika zwei neue Typen von Tragewänden: Die einfache, d. h. einstöckige *Säulenarkadenwand* und die *Pfeilerarkadenwand*. Die letztere wird Gegenstand des nächsten Abschnittes sein. Die ältesten Beispiele des ersten Typus, die noch in ihrer Grundform erhalten sind, ist die III. Bethalle der Amr-Moschee in Kairo und die zweite Erweiterung der Großen Moschee in Kairuan. Charakteristisch für die Tragewände dieser beiden Moscheen sind ihre „scheibenartige" Erscheinung, ihre glatten Oberflächen und die würfelförmigen „Mauerklötze", die zwischen der Bogenwand und den Säulenkapitellen hineingeschoben sind.

Die Bogen dieser Wände sind durchwegs mit eisernen oder hölzernen Ankern ausgesteift, und die parallel laufenden Wände in senkrechter Richtung sind ebenfalls mit Ankern verbunden. Neben den Tragewänden von Damaskus und Cordoba wirkt dieser Typus

Wand geradezu asketisch. Bei genauerem Betrachten stellen wir fest, daß in dieser schlichten Form ein neuer Wille zum *Typisieren* und *Normieren* zum Ausdruck kommt, und zwar sowohl in der Proportionierung wie auch in der Konstruktion. Alles wird auf das Notwendigste reduziert, nämlich auf Säulen, Kapitelle und die schmale Scheibe der Bogenwand; ohne Profil, fast ohne Ornament und ohne Farbe. Es wird offensichtlich versucht, dem ursprünglichen, rein funktionellen Charakter der frühesten Bethallen wieder gerecht zu werden. Tatsächlich wurde dieser Typus der Tragewand Vorbild für viele spätere Säulenmoscheen in Ägypten und in Nordafrika. Da die Moschee von Amr verschiedenen Restaurationen unterzogen wurde und die heutige Bethalle auf eine Neuaufstellung im vorigen Jahrhundert zurückgeht, möchte ich für die Beschreibung dieses Wandtypus die Große Moschee von Kairuan als Beispiel nehmen.

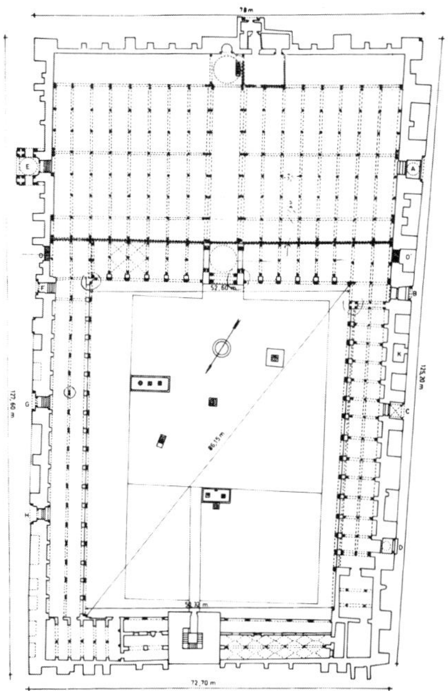

131. Kairuan, Grundriß der Großen Moschee. Der heutige Zustand (nach G. Marçais).

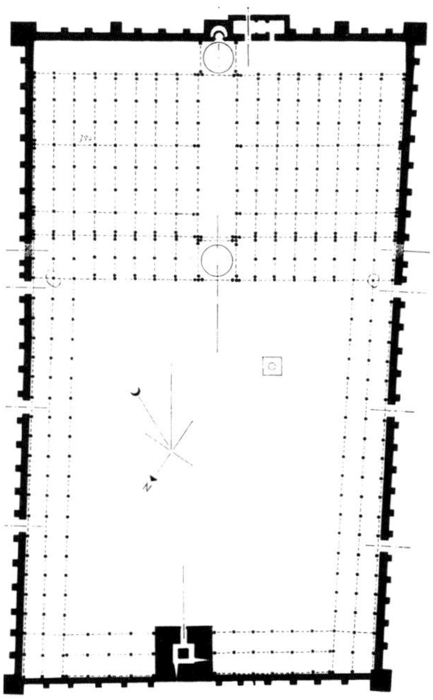

132. Kairuan, Grundriß der Großen Moschee um 862. (Rekonstruktion von A. Lézine).

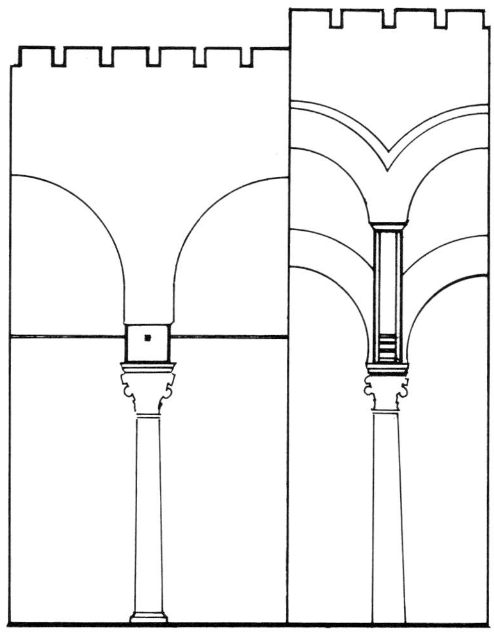

133. Vergleich der Arkadensysteme von Cordoba und Kairuan.

Die Große Moschee von Kairuan

Die vom omaijadischen General Sidi Okba gegründete „Urmoschee" von Kairuan wurde bei dem Bau einer zweiten Bethalle um 703 vollständig abgetragen. Auch dieser zweite Bau mußte später einer dritten – der im Jahr 836 errichteten, heutigen Bethalle – Platz machen. So ist die Gestalt der beiden ersten Bethallen kaum mehr zu rekonstruieren. Die dritte Bethalle entstand in zwei Bauabschnitten. Zuerst wurde die siebzehnschiffige Bethalle errichtet. 25 Jahre später wurden die Vorhalle und das Portal hinzugefügt. Auch die Kuppel über dem mittleren Joch der Vorhalle geht auf diese Erweiterung zurück. Die Bogenstellungen laufen in Kairuan senkrecht zur Qiblawand, werden jedoch nicht bis zu ihr hingeführt, sondern enden auf einer der Qiblawand parallel laufenden Bogenwand. Es entsteht so eine

134. Kairuan, die Bethalle der Großen Moschee, der heutige Zustand.

135. Kairuan, die Arkadenwände der Großen Moschee.

Art „Querschiff", das ungefähr die gleiche Breite hat (7 Meter) wie das Mittelschiff, welches erheblich breiter ist als die übrigen Schiffe.

Über der Schnittfläche des „Quer- und Mittelschiffes" erhebt sich die Vormihrabkuppel. Die Gestaltung des Vormihrabraumes und die Errichtung der Kuppel gehen auf die erste Bauetappe von 836 zurück. Im 13. Jahrhundert wurden die Hofarkaden, die Vorhalle und das Portal gründlich renoviert, doch die Proportionen der Arkaden und die Abmessungen des Grundrisses blieben unverändert. Auch das vorhandene Säulenmaterial wurde wieder verwendet.

Die Bethalle von Kairuan wurde also nicht wie Cordoba mehrere Male erweitert. Sowohl der Vormihrabraum wie auch die Umfassungsmauern sind bis heute in unveränderter Form erhalten geblieben. Das Konstruktionsprinzip, das ich im 1. Abschnitt als „Pergolasystem" bezeichnet habe, kann hier bis in die Einzelheiten beobachtet werden.

Die Tragewände der siebzehnschiffigen Bethalle bestehen aus je acht Bogenachsen. Die Bogenstellungen werden, von der ersten Querwand an gezählt, an jedem dritten Joch durch eine querlaufende Bogenwand miteinander verbunden. So bilden die Arkadenwände mit ihren Quer- und Schlußverbindungen eine in sich geschlossene konstruktive Einheit, die zwar von festen, durch Strebekonstruktionen verstärkten Mauern umgeben ist, aber rein statisch gesehen unabhängig von ihnen zu bestehen vermag. Wie bereits bemerkt, stoßen die Tragewände im Norden und im Süden auf je eine, den Außenwänden parallel laufende Arkadenwand. Ihr Schub wird von diesen Querwänden aufgefangen. Auch die beiden äußersten Tragewände der Bethalle – die östlichste und die westlichste – stehen unmittelbar *vor* den Außenmauern und kommen dem Schub der viermal die Halle durchkreuzenden Querwände entgegen.

An jenen Stellen, wo die beiden äußersten Tragewände der Halle mit den Querarkaden zusammenstoßen, sind die Säulen verdreifacht. Sie stehen dicht

136. Kairuan, die Bethalle vor der Restauration; bevor das „Ankergitter" entfernt wurde.

nebeneinander. Die beiden äußeren gehören zur Tragewand, die mittlere, dazwischen „eingeklemmte" hingegen gehört zur querlaufenden Bogenwand und hat die Funktion, den Schub des letzten Querbogens aufzufangen.

Solche Stellen, wo im Innenraum verschiedene Horizontalschübe zusammenstoßen, wurden beim Bau der Außenmauern nicht berücksichtigt. Die Außenmauern haben ihren eigenen Rhythmus. Das Problem vom Druck und Gegendruck, das sich innerhalb der Arkadenwände der Bethalle ergab, versuchte man „intern", d. h. im „Pergolasystem" selbst, zu lösen.

Das heutige Mittelschiff hat an den beiden Seiten je eine doppelte Arkadenreihe. Der Grund dieser nachträglichen Verdoppelung der beiden mittleren Tragewände gab zur Diskussion und auch zu verschiedenen Meinungen Anlaß. K. A. C. Creswell sieht z. B. darin eine bereits am Anfang so vorgesehene Maßnahme, um dem Druck der Mihrabkuppel einen solideren Widerstand zu leisten. Nach A. Lézine Ansicht hingegen hatte die Verdoppelung bei der Erweiterung von 862 noch nicht stattgefunden. Nach Lézines Rekonstruktionsversuch hat das Mittelschiff von 862 einfache Arkadenwände an beiden Seiten. Nur an den Stellen, wo die Querarkaden auf die Mittelschiffarkaden stoßen, verdoppelte man die Säulen. Diese Lösung erwies sich jedoch als weniger stabil im Vergleich zur Lösung an den Ost- und Westenden der Querarkaden. Durch das Einklemmen ihrer Endstütze zwischen den Säulen der längslaufenden Tragewand war hier die Stabilität der Querarkadenwand besser gesichert. Beim Mittelschiff hingegen werden die Säulen der zusammenstoßenden Quer- und Längsarkaden nicht einmal mit einem gemeinsamen Kämpfer verbunden. Auch Lucien Golvin lehnt die Erklärung von Creswell ab, indem er auf die Zeytuna-Moschee in Tunis hinweist, die ungefähr in den gleichen Jahren errichtet wurde. Hier hat das Mittelschiff nur eine einfache Arkadenreihe, die Vormihrabkuppel jedoch ist beinahe so groß wie die von Kairuan.

137.

138.

137. Kairuan, Große Moschee, die Vorhalle.
138. Kairuan, Große Moschee, die östlichen Hofarkaden.
139. Kairuan, Bethalle. An Stellen, wo die Querarkaden auf die Mittelschiffarkaden stoßen, entsteht eine Gruppe von 3 Säulen.

Der Hof der Großen Moschee von Kairuan ist an allen vier Seiten von doppelten Säulenarkaden umgeben. Man betritt die Moschee heute von der Westseite der nördlichen Hofarkaden, die zugleich die Vorhalle des Betraumes bilden. Die Hofarkaden wurden bereits bei der ersten Erweiterung (862) erbaut. Während einer Restauration, die im 13. Jahrhundert durchgeführt wurde, errichtete man zur Stabilisierung der Vorhallenarkaden bis zur Decke reichende steingemauerte Pfeiler. Nachträglich wurden diese Pfeiler durch vorgeblendete Säulenarkaden verdeckt (Abb. 137), das einheitliche Bild des Hofes wurde so wiederhergestellt.
Die Verdoppelung der Arkadenwände des Mittelschiffes geschah sehr wahrscheinlich nach der Vergrößerung der Bethalle um 862. Die kuppeltragenden Säulen des Vormihrabraumes und die letzten Säulen der Mittelschiffarkaden kamen vermutlich wegen einer Fehlberechnung nicht an der gleichen Achse zu stehen (Fig. A, vgl. die Lösung desselben

139.

Problems in der Zeytuna-Moschee in Tunis in Fig. E). Dadurch, daß man an der Innenseite des Mittelschiffes eine zweite, an die erste angrenzende Arkadenwand konstruierte (Fig. B), konnte der Schub der kuppeltragenden Bogen besser aufgefangen werden. Bei den ersten und vierten Säulen – von den Eingangsarkaden aus gezählt – stoßen Querarkaden auf die Arkaden des Mittelschiffes (Fig. C). An den Außenwänden enden diese Querarkaden auf einer Säule, die unmittelbar an der Wand steht. Diese Säule wird an den beiden Seiten von zwei weiteren Säulen flankiert (Fig. D). die flankierenden Säulen gehören zur äußersten Arkadenreihe der Bethalle.

140. Kairuan, Schnitt durch den Vormihrabraum der Großen Moschee (nach K. A. C. Creswell).

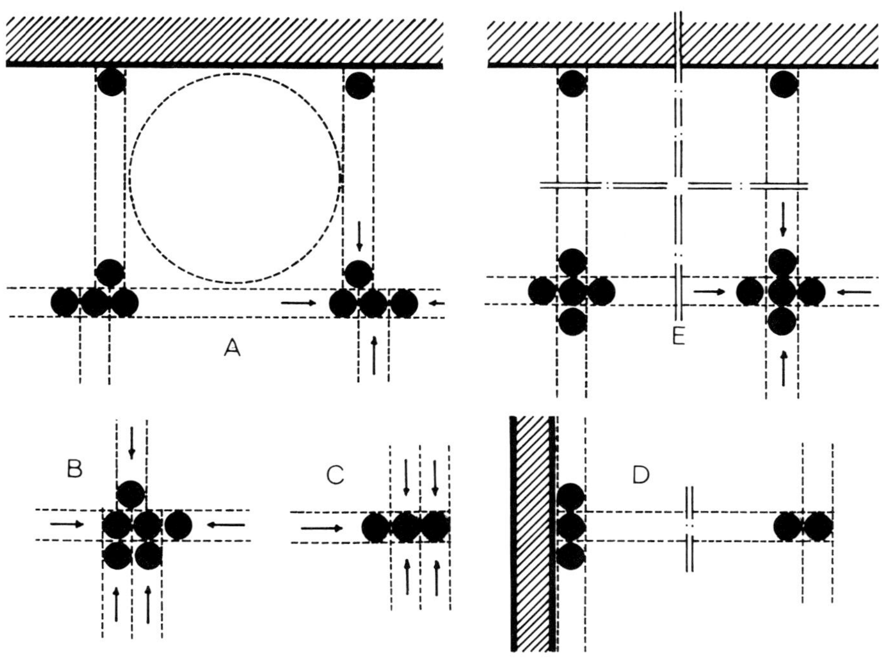

141. Säulengruppierungen in Kairuan (A, B, C, D) und in der Zeytuna-Moschee (Fig. E) in Tunis (gezeichnet nach Lucien Golvin).

Golvin führt diese Verdoppelung in Kairuan auf einen anfänglich begangenen Fehler zurück. Da das Mittelschiff etwas breiter geraten sei als das Querschiff, habe man, so meint er, die kuppeltragenden Säulen des Vormihrabraumes etwas weiter nach vorne verschoben, um dadurch das Quadrat für die Kuppelbasis bereitzustellen. Bei dieser Verschiebung konnte die Schublinie der kuppeltragenden Säulen nicht mehr direkt auf die Arkadenwand des Mittelschiffes treffen. So konnte ihr Schub nicht durch den Gegenschub der Arkadenwand ausgesteift werden. Der Schub der kuppeltragenden Säulen fiel zwischen die Endstützen der Mittelschiffarkaden und die Säulen des Vormihrabbogens. Weil so das gegenseitige Aussteifen verpaßt worden sei, habe man den Fehler korrigiert, indem man an der Innenseite des Mittelschiffes eine zweite Bogenreihe gebaut habe, die sich an die bestehende anlehnte.

Golvins Erklärung scheint mir zutreffend zu sein. In Tunis, wo die Abmessungen des Mittel- und Querschiffes genau aufeinander abgestimmt sind, wird durch die kreuzförmige Gruppierung von vier Säulen das Problem von Schub und Gegenschub auf einfache Art gelöst. Golvin bemerkt, daß diese Korrektur durch Verdoppelung in Kairuan zugleich dem Horizontalschub der Querarkaden zugute kam. Die Mittelschiffarkaden zeigen nämlich an den Stellen, wo die Querarkaden auf sie stoßen, eine leichte Ausbuchtung. So wäre nach Golvins Auffassung diese zweite Arkadenreihe an den Innenseiten des

Mittelschiffes *nach* dem Bau der Vormihrabkuppel, aber bereits *während* des Umbaus von 862 durchgeführt worden.

Auf dem Grundriß suggeriert die Bethalle von Kairaum), vom Eingang weit entfernt, wäre völlig dunkel gewesen, wenn man ihn nicht durch Hilfe einer Kuppel von oben beleuchtet hätte. Eine Kuppel setzt aber immer einen quadratischen Grundriß

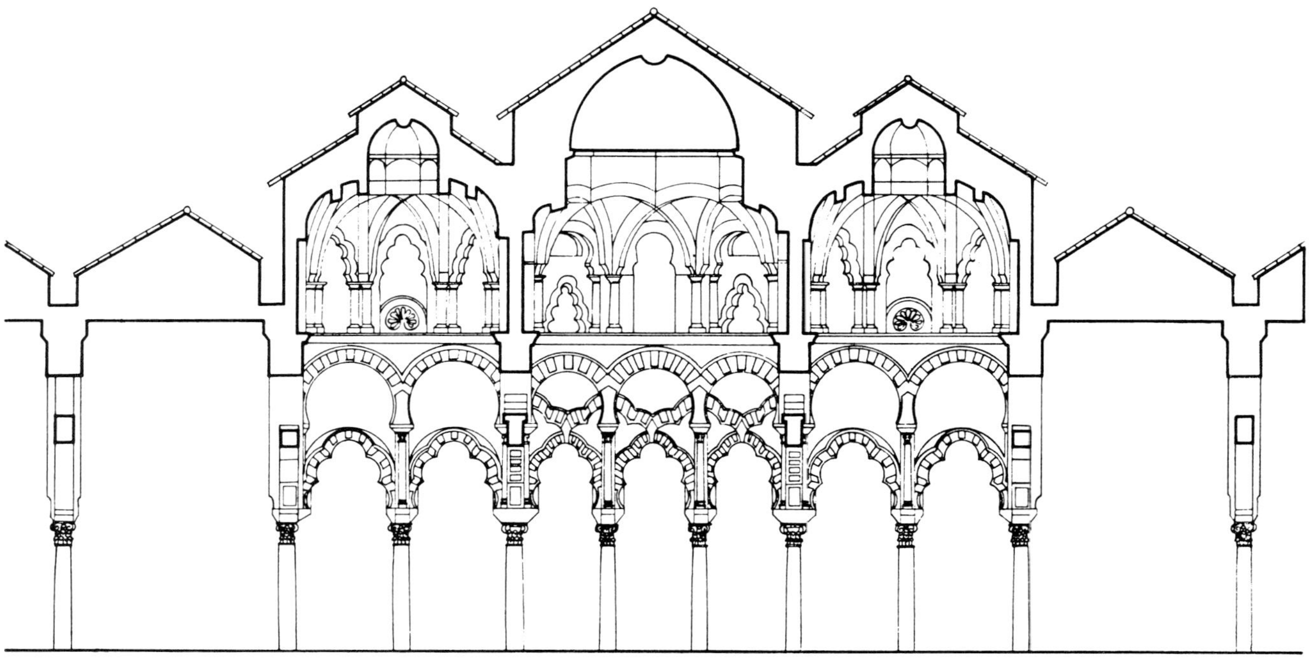

(nach Torres-Balbás)

142., 143. Cordoba, Schnitt und Grundriß des Maksurabereiches in der Großen Moschee.

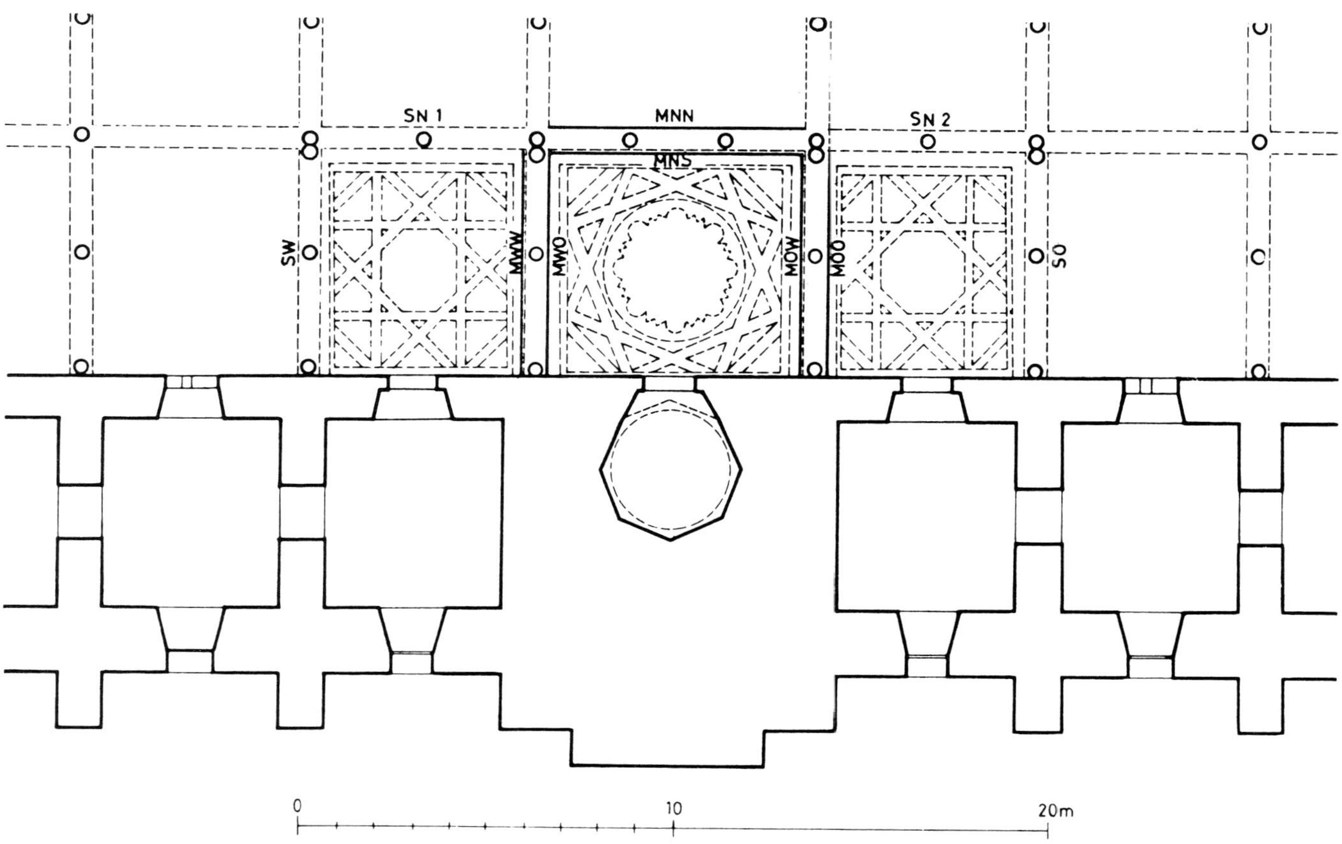

(nach Terrasse / Ewert)

144. Cordoba, die Maksura-Kuppel.

145. Isfahan, die Kuppel der Gûmbadi-Kharka.

Die zweite Erweiterung von Cordoba:

Die III. Bethalle

Zwischen der Erweiterung von Kairuan (862) und der III. Bethalle von Cordoba (961) liegen rund 100 Jahre. In dieser Zeitspanne fanden auch Erweiterungen der Moscheen von Sfax, Tunis und Monastir statt. Alle diese Moscheen wurden bei der Erweiterung mit einer stattlichen Vormihrabkuppel versehen. Nicht nur die Vormihrabkuppel von Kairuan, sondern auch die neue Gestalt der Vorhalle machte Schule (Tunis, Sfax, usf.).

Al Hakam, der Bauherr der III. Bethalle von Cordoba, wollte mit seinem Anbau alles Bestehende überflügeln. Vier prächtige Kuppeln erhielt die neue Bethalle: eine über dem ersten Joch des neuen Mittelschiffes, eine über dem Vormihrabraum und je eine über den beiden Räumen, die den Vormihrabraum flankieren.

Die bereits 65 Meter tiefe Bethalle erhielt durch diese Erweiterung eine Tiefe von annähernd 100 Metern. Die spärliche, seitliche Beleuchtung und die traditionsgemäß fensterlose Qiblawand verlangten nach einer Lösung der Lichtverhältnisse in der Bethalle. Die Einführung von Oberlicht durch Kuppelfenster war sicher der Grund, weshalb man die Räume vor dem Mihrab mit drei Kuppeln versah. Dieser rein zweckgebundene Grund kann jedoch kaum die komplexe Struktur der Rippenkuppel und der kuppeltragenden Wände erklären. Diese sind nämlich nicht nur in der Geschichte der islamischen Architektur, sondern in der Geschichte des Bauens überhaupt eine *konstruktive Neuheit.* Vorstufen zu den Rippenkonstruktionen der Kuppeln und zu den sich kreuzenden Bogen der kuppeltragenden Wände sind weder im Osten noch im Westen nachzuweisen. Entsprechend der Kuppelkonstruktionen, die nach dem Prinzip der sich überschneidenden Rippen konzipiert sind, werden auch die Strukturen der doppelgeschossigen Arkaden abgewandelt: Sie werden durch sich kreuzende Bogen verstrebt. Ich habe versucht, die doppelgeschossigen Tragewände der Bethalle als ein Resultat zweier sich durchdringender

146., 147. Cordoba, die Seitenwand des Vormihrabraumes und die östliche Seitenwand der Capilla Villa Viciosa.

Sich kreuzende Bogen kommen in Cordoba nur an den kuppeltragenden Wänden vor: im Vormihrabraum und in der sog. Capilla Villa Viciosa (Eingangsjoch der neuen Bethalle – Abb. 147, 148, 151). Die beiden seitlichen Kuppelräume, die den Vormihrabraum flankieren, haben die gleiche Struktur wie die sonstigen Tragewände, nur mit dem Unterschied, daß hier die unteren Bogen in Vielpaßform gestaltet sind (Abb. 143).
Die Wände der Capilla Villa Viciosa zeigen kompliziertere Formen von Bogenkreuzungen. An der östlichen Seitenwand (die westliche wurde beim Bau der Kathedrale abgetragen) tritt ein dreistöckiges Tragesystem in Erscheinung. Es sieht so aus, als trügen die oberen Vielpaßbogen die Decke. Diese Bogen sind jedoch eine Art Entlastungsbogen, die in der Wand eingebettet sind. Die Bogenwand und die Decke bzw. die Kuppel werden in Wirklichkeit von den Rundbogen getragen, die zum Teil hinter dem Geflecht der sich kreuzenden Bogen versteckt bleiben. Durch Verwendung von

Systeme mit zwei verschiedenen Lesearten zu charakterisieren. Nun aber sind die kuppeltragenden Wände mit ihren sich kreuzenden Bogen nicht mehr *nur auf zwei* Lesearten zu fixieren. In ihrer Komplexität erscheinen sie dem Auge geradezu als statische Vexierbilder. Nicht einmal eine einzelne Wand bietet, von zwei Seiten betrachtet, das gleiche Bild. Im ganzen sind in Cordoba vier verschiedene Gestaltungen von kuppeltragenden Wänden festzustellen, zwei im Kuppelraum am Anfang des neuen Mittelschiffes und zwei im Vormihrabraum. Die Ost- und Westwände des Vormihrabraumes sind als symmetrische Seitenwände gleichartig gestaltet.
Bevor ich auf eine genauere Betrachtung der kuppeltragenden Wände eingehe, möchte ich einiges über die Gestalt der Kuppeln bemerken. Die sich kreuzenden Rippen der Vormihrabkuppel ruhen auf Halbsäulen; diese stehen auf Platten, die aus der Wand herausragen. Es ist, von unten gesehen, als ob die Rippen der Kuppel über den Mihrabraum hängen würden. Die Kuppel ist zentralsymmetrisch angeordnet, die sich überschneidenden Rippen bilden zusammen ein Achteck. Im Süden ruht die Kuppel auf der Qiblawand, die beiden seitlichen Tragewände sind zweiachsig, und die Südwand ist dreiachsig. Die Rippen, die innerhalb der Kuppel in Quadrate und Achtecke verteilt sind, führen so an der Nordwand mit einer kleinen Verschiebung auf die Stützen der Tragewand. An den beiden Seiten hingegen stößt ihr Druck auf die

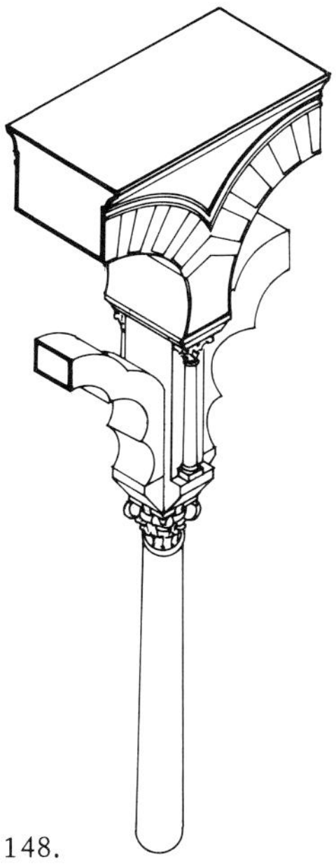

148.

149.

150.

148. Cordoba, Schnitt durch die Bogenwand im Maksurabereich.
149. Westgotische Säulenpfeiler (im archäologischen Museum in Merida).
150. Cordoba, die kuppeltragenden Wände im Vormihrabraum.

Halbsäulen an den oberen Arkadenreihen wirkt diese Wand flacher und leichter. Die Halbsäulen sind jedoch aus den Pfeilern herausgehauen, die im Grunde die gleiche Tiefe und das gleiche Gewicht wie die übrigen Pfeiler der Tragewände haben. Das Motiv des Säulenpfeilers wurde von den Westgoten nach Spanien gebracht und fand Verwendung meistens an den Portalen. Hier in einer neuartigen Architekturkomposition erfüllen sie eine völlig andere Aufgabe.

Scheitel der Bogen. Die Kuppel und ihre Tragewände werden durch einen horizontalen Ornamentstreifen voneinander getrennt. Die Kuppel und jede einzelne Tragewand bildet ein Formgefüge für sich. Es wird nirgends versucht, einen Übergang oder eine Entsprechung zwischen Last und Stütze herzustellen. Es entsteht kein dreidimensionales Bezugsnetz zwischen Kuppel und Wänden. Je mehr man sich mit Bezügen zwischen Stütze und Last beschäftigt, um so mehr bekommt man den Eindruck, daß hier die tektonischen Zusammenhänge mit Absicht verschleiert worden sind. Die Statik, die hier herrscht, entzieht sich der logischen Erfaßbarkeit.

Die Verschleierung der tektonischen Bezüge zwischen Stütze und Last ist ein charakteristisches Merkmal der frühiarabischen Architektur. Darin wäre meines Erachtens eine spezifisch arabische Vorstellung von Fläche und Raum zu erkennen. In diesem Zusammenhang möchte ich noch einmal die Vormihrabkuppel von Kairuan erwähnen. Als die ältere gab sie sicher gewisse Anregungen für die Vormihrabkuppel von Cordoba. Als Ähnliches fallen vor allem die folgenden Punkte auf: das Achteck als Grundrißform, die auf Platten ruhenden Halbsäulen und die Vielpaßbogen an den Ecken.

Abgesehen von diesen formalen Ähnlichkeiten haben aber die beiden Kuppeln etwas Grundsätzlicheres

151. Cordoba, die Ostwand der Capilla Villa Viciosa.

152. Cordoba, die Südostecke im Vormihrabraum.

gemeinsam: Die Gestalt der Kuppelwölbung wächst nicht „organisch" aus der Gliederung der Wände heraus. Oder anders ausgedrückt: Die Struktur der Kuppel findet keine Entsprechung im Aufbau der kuppeltragenden Wände. Sowohl in Kairuan wie in Cordoba wirkt die Vormihrabkuppel wie ein nach einem abstrakten Muster gefertigter „Deckel" oder wie eine Glocke, die über dem Vormihrabraum hängt. An beiden Orten bildet ein horizontal laufender Ornamentstreifen den Abschluß der Tragewände und zugleich die Nahtstelle zwischen Kuppel und Wänden.
Auch die kuppeltragenden Wände unter sich bilden keine einheitliche Raumschale. Durchgehende Eckpfeiler oder Säulenbündel fehlen. Wie Bretter stoßen die Wände im rechten Winkel aufeinander. Es wäre sicher nicht richtig, die Ecklösungen der Bogenwände von Kairuan oder Cordoba auf die Gestalt der schmalen Säulenwände zurückzuführen. Auch im Vormihrabraum der Großen Moschee von Sousse, die eine Pfeilerhalle ist, können wir die gleiche Konstruktionsart feststellen. Durchgehende Eckpfeiler zwischen den kuppeltragenden Bogenwänden wären hier eigentlich eine selbstverständliche Lösung. Ein typischer *Gegensatz* zu dieser arabischen Art von Kuppel- und Wandkonzeption wäre die Qumbedi-Kharka in Isfahan, die im Jahre 1088, also etwa 100 Jahre später als die Vormihrabraum von Cor-

In der Capilla Villa Viciosa enden die Halbsäulen auf Kämpfern. Im Vormihrabraum ist dies nur an der Mihrabwand der Fall. Bei den anderen drei Wänden des Vormihrabraumes wird der Kreuzarm der Kämpfer, die den Halbsäulen als Konsolen dienen sollten, weggelassen bzw. nur reliefartig angedeutet (Abb. 151). Die Halbsäulen ragen so mit ihren Basisplatten in den Raum hinein, hängen sozusagen in der Luft. Vermutlich ein Versuch, die Gestalt der Tragewände der Rippenkuppel anzugleichen. Auch die rippentragenden Säulen im Kuppeltambour stehen auf dünnen Platten, die diagonal in den Raum hineinragen.

Die Südwand der Maksura wird in östlicher und in westlicher Richtung in der Bethalle fortgesetzt. Es entsteht so eine Querarkade, die sich zwischen der östlichen und der westlichen Außenwand erstreckt. Wie diese Querarkade an der Ostwand endete, kann nicht mehr rekonstruiert werden, da diese Wand bei der Errichtung der IV. Bethalle abgetragen wurde. Auf die westliche Außenwand stößt sie merkwürdigerweise bei einem Bogen und endet auf einer Konsole, die aus der Bogenfüllung herausragt (Abb. 155).

153. Cordoba, Vormihrabraum.

doba, errichtet wurde. Verglichen mit den arabischen Konstruktionen erscheint hier die Raumschale wie aus einem Guß. Wände und Kuppel bilden ein bis in jede Einzelheit aufeinander abgestimmtes Ganzes. Qumbedi-Kharka gehört zu einer Raumkonzeption, die der arabischen diametral entgegengesetzt ist, zu einer Tradition nämlich, in der die Grundvorstellung vom Raum auf „Tschar-Dak“ oder auf „Baldachin“ zurückgeht, d. h., bei der Kuppel und vier Stützen den Ausgangspunkt für die Raumgestaltung bilden.

Wie bereits erwähnt, werden die kuppeltragenden Wände von Cordoba durch sich kreuzende Vielpaßbogen verstebt: eine sowohl konstruktiv wie

154. Cordoba, die westliche Außenwand.

formal neuartige Konzeption der Bogenwand. Christian Ewert ist dem Motiv der sich kreuzenden Halbkreise nachgegangen und hat eine Reihe von Beispielen gefunden, in denen er Vorläufer der sich kreuzenden Bogen von Cordoba zu erkennen glaubt: in den Randmustern der römischen Fußbodenmosaiken, auf sassanidischen Keramikschalen und in den Architekturfriesen des christlichen Syriens. Ewert stellt fest, daß das gleiche Motiv auch auf einem Fensterfries des omaijadischen Schlosses Qasr-el-Hayr vorkommt, und folgert daraus, daß vor allem dieses omaijadische Beispiel als der eigentliche Vorläufer der sich kreuzenden Bogen von Cordoba angenommen werden darf. Auf die Frage, weshalb ein so nebensächliches und eher seltenes Dekorationsmotiv plötzlich in Cordoba in Erscheinung trat und an einer bevorzugten Stelle (Vormihrab) die Gestalt der Wand bestimmt habe, antwortet Ewert: „Alle von mir betrachteten Beispiele sich kreuzender Bögen, die älter als die Al-Hakam-Erweiterung der Cordobeser Moschee sind, können nur als Dekorationsmotive angesehen werden. Ich halte es für möglich, daß die soeben betrachteten dekorativen Systeme geometrischer Überschneidungen in der Kleinkunst und im Bauschmuck die Urbilder der Systeme sich kreuzender Bögen in der konstruktiven Architektur sind. Gerade in der islamischen Kunst beeinflußt und bestimmt die Dekoration sehr weitgehend die Bauformen. Cordobeser Systeme sind nicht nur aus statischen Notwendigkeiten zu erklären, sondern auch als Schmuckträger an hervorragenden Stellen des Kulthauses zu verstehen."[27]

In den oben angeführten Erklärungen von Ewert scheint mir die Feststellung richtig zu sein, daß die Cordobeser Systeme nicht bloß von statischen Überlegungen her erklärt werden können. Ich glaube, daß vieles, was in der III. Bethalle von Cordoba neu in Erscheinung tritt, nichts anderes ist als eine folgerichtige Weiterentwicklung bestimmter räumlicher Erfahrungen, die bereits in der I. Bethalle gemacht wurden. Dabei meine ich nicht bloß die hier verwirklichten Konstruktionsmethoden, sondern auch *die rein empirischen Raumerfahrungen.* Ich nehme an, daß der Einfall, die kuppeltragenden Wände mit sich kreuzenden Vielpaßbogen zu verstreben, auf optische Eindrücke zurückgeht, d. h. das Bild, das diese Wände bieten, unmittelbar aus der Erfahrung des Umraumes abgeleitet wurde. Die I. Bethalle hatte bereits neun Schiffe. Durch die achtfache Aufstellung von doppelschichtigen „durchsichtigen" Bogenwänden in den Raum ergab sich nicht nur eine endlos erscheinende Wellenbewegung in der Durchdringungszone der Arkaden. Es entstanden zugleich auch Durchblicke, Überschneidungen und Perspektiven, die sicher nicht vorgesehen waren. Die lineare Bewegung der frei im Raume sich spannenden Hufeisenbogen bewirkte eine unerwartete Vielfalt von Überschneidungen. Die Bilder, die sich ergaben, wurden sicher auch für die Erbauer zu einem überraschenden Erlebnis. Diese Bilder sind nicht – wie etwa in Kairuan – eine Flucht oder eine Folge von sich in der Perspektive überschneidenden Bogenwänden, sondern sie sind *gitterartige* Formgefüge, die stets neue *Durchblicke* gewähren.

Durch die erste Erweiterung, bei der die Bethalle um zwei Schiffe breiter und um acht Bogenstellungen tiefer wurde, wurden auch die Durchblicke vielfältiger: Es öffneten sich neue Perspektiven, das endlose Hinter-, Neben- und Übereinander erschien dem Auge als ein Gefüge von sich verschlingenden, einander durchdringenden Halbkreisen und Kreissegmenten. Wohin man auch den Blick wendete, man begegnete einem neuen Muster von sich gitterartig zusammenfügenden Bogen. Auch der Farbenwechsel der Bogensteine trug wesentlich dazu bei, den Reiz der optischen Verschiebungen zu steigern. Der gleiche oder schachbrettartig verschobene Rhythmus von Grau zu Rot bewirkte, daß das Hintereinander der Bogenreihen sich auf einer fiktiven Ebene zu „Bildern" zusammenfügte.

Theoretisch stellen die kuppeltragenden Wände mit ihren mehrfach sich kreuzenden Bogen gewiß eine Weiterentwicklung, der Entfaltung der gleichen Konstruktionsidee dar, die den zweigeschossigen Arkaden der ersten Bethalle zugrunde liegt. Gleichzeitig aber ist ihre Form eine Abstraktion des räumlich Erfahrenen auf das Zweidimensionale; eine *Pro-*

jektion des umhaft Erlebten auf eine einzige Wandfläche. Oder anders ausgedrückt: eine Verdichtung des als endlos erfahrenen *Umraumes* zu einem festen, gültigen „Bild" (vgl. Abb. 108).

Merkwürdig ist, daß man den sich kreuzenden Bogen in Vielpaßform gestaltete. Vom statischen Gesichtspunkt her ist das ein paradoxer Entscheid. Querverstrebungen wurden eigentlich als Verstärkungselemente eingeführt; sie erhielten aber eine Form, die labiler oder „zerbrechlicher" als die intakte Hufeisenform erscheint. Ich neige im Zusammenhang mit der Vielpaßform zu der Annahme, daß Entstehung der Vielpaßidee an den Tragewänden auch auf die gleiche Ursache zurückgeführt werden kann, die die Erbauer zu der Idee inspirierte, die Querverstrebungen der kuppeltragenden Wände als sich kreuzende Bogen zu gestalten. Man erlebt nämlich die endlosen Überschneidungen der hintereinander sich öffnenden Bogenwände zugleich als ein *Übereinander* von Bogensegmenten. In den Diagonalsichten hauptsächlich entstehen Bildeindrücke, bei denen sich die doppelschichtige Wellenbewegung der Tragewände in eine sich aufwärts strebende Folge von Kreissegmenten verwandelt. Bemerkenswert ist, daß tatsächlich auch der Einfall, *Säulen übereinander zu stellen,* erst mit den sich kreuzenden Vielpaßbogen zusammen in Erscheinung tritt. Der Pfeiler des oberen Bogensystems bleibt an den kuppeltragenden Wänden hinter den kleinen Halbsäulen versteckt. Bei diesen Beobachtungen drängt sich die Frage auf, warum der Vielpaßbogen ausgerechnet im Vormihrabraum von Cordoba zur dominierenden Bogenform wurde? Der Aufbau der kuppeltragenden Wände von Cordoba erscheint als eine Projektion von Umraumerfahrungen auf die zweidimensionale Ebene. Was bedeutet das? (Abb. 149–152).

In der Vielpaßform und im Sichkreuzen der Bogen eine sakrale oder symbolische Bedeutung zu suchen, wäre hier sicher fehl am Platz. Wir dürfen nicht übersehen, daß der Mihrabbogen selbst eine Hufeisenform hat und sein Umriß sowohl unten wie oben keine Unterbrechungen aufweist. Seine gegen die Anfänger leicht abnehmende Stirnfläche läßt den Mihrabbogen als eine in sich gespannte Figur wirken. Anderseits besteht die Decke der siebeneckigen Mihrabnische, die sich hinter dem Hufeisenbogen öffnet, aus einer einzigen Muschelschale, die bis in alle Einzelheiten naturgetreu nachgebildet ist. Die an den Wänden des Vormihrabraumes beobachteten Abstraktions- und Projektionsprozesse treffen also nicht den Mihrab selbst, sondern nur die Tragewände, die den Vorraum umgeben.

Hängt dies damit zusammen, daß der Vormihrabraum in Cordoba eine neue Bedeutung erhalten hatte? Zusammen mit seinen beiden seitlichen Räumen bildete er den *Bereich der Maksura,* den Ort für den Kalifen. Die Einrichtung der Maksura, d. h. die Abgrenzung eines für den Kalifen bestimmten Platzes in der Nähe des Mihrab, ging ursprünglich auf Sicherheitsmaßnahmen zurück, die nach der Ermordung des Kalifen Osman – dem dritten Nachfolger von Mohammed – getroffen wurden. Nach den Berichten der zeitgenössischen Chronisten waren die früheren Beispiele einer Maksura aus Lehm oder Ziegel gebaute „Zellen" oder „Hütten" in der Nähe des Mihrab, also selbständige Konstruktionen im Betraum. Diese Zellen waren abgeschlossen, aber mit Fenstern versehen. Im 9. Jahrhundert erschien die Maksura auch in Form eines mit Holz- oder Eisengittern abgegrenzten Raumes. In Kairuan z. B. wurden die beiden Joche rechts vom Vormihrabraum mit einem Holzgitter abgeschlossen.

Die repräsentative Bedeutung der Maksura wurde im Laufe der Jahrhunderte größer. Oleg Grabar hat bereits auf die besondere Bedeutung dieser Einrichtung hingewiesen. Er sieht in der architektonischen Entfaltung der Maksura einen Ausdruck der *weltlichen* Macht: „Vom Kairuan im 9. Jahrhundert bis Cordoba im 10. Jahrhundert waren alle islamischen Freitagsmoscheen mit einem besonderen Raum versehen: die *Maksura.* Dieser Raum war gänzlich oder zum Teil abgeschlossen. Seine Konstruktion wie auch seine Ausgestaltung gaben Anlaß zur Entfaltung von neuen Ideen und Erfindungen. Die Maksura war der Bereich des Fürsten und machte im Moscheeraum, der der Gemeinde der Gläubigen gehörte, die Gegenwärtigkeit der irdischen Macht sichtbar."[28]

155.   156.

155., 156., 157. Cordoba, die Bethallen.

Verglichen mit den vorangehenden Maksura-Gestaltungen erhält die Maksura von Cordoba einen neuen Stellenwert: Sie ist weder eine Architektur in der Architektur, noch ist sie ein mit kostbarem Gitter abgesondertes Joch. Sie ist ein *Teil* der Bethalle: Vom Licht durchströmt und mit reichem Ornament ausgestaltet, doch architektonisch in das Konstruktionssystem der Halle eingegliedert und in den Rhythmus des Gesamtraumes einbezogen. Wie vieles andere in Cordoba war auch die „Architektonisierung" eines bisher provisorischen Motivs neu. Damit wurde die Maksura von ihrer ursprünglichen, bloß schützenden Funktion gelöst und in die Architektur der Bethalle integriert.

Um den Sinnzusammenhang dieses architektonischen Ereignisses zu verstehen, sollten wir uns einige politisch-historische Fakten vor Augen führen, die sich vor und während der Erweiterung von Al-Hakam ereigneten. Diese Um- und Aufwertung der Maksura geschah am Anfang der Regierungszeit von Al-Hakam, Sohn des Abd-ar-Rahman, der nach einer 49 Jahre dauernden Herrschaftszeit im Jahr 961 starb. Da die Erweiterung der Bethalle im selben Jahr begonnen wurde, ist anzunehmen, daß der Plan der zweiten Vergrößerung bereits zu Lebzeiten des Abd-ar-Rahman vorlag. Abd-ar-Rahman kam mit 21 Jahren auf den Thron des andalusischen Emirats, das zu jener Zeit von verschiedenen Seiten her heftig bedroht wurde: von dem immer mehr an Macht gewinnenden Königreich Leon im Norden, von inter-

157.

nen Spaltungen und Spannungen und nicht zuletzt von der wachsenden Macht der Fatimiden in Nordafrika, die bereits Tunesien erobert und in der neugegründeten Hauptstadt Mahdiya das schiitische Kalifat proklamiert hatten. Es gelang Abd-ar-Rahman, innerhalb von 20 Jahren diese verschiedenen Gefahren zu beseitigen und vor allem die Verbreitung des Schiismus in Andalusien einzudämmen. Nachdem die Einheit des Landes sichergestellt war, ließ sich Abd-ar-Rahman zum Kalifen ernennen (929). So wurde aus dem gefährdeten andalusischen Emirat innerhalb von 17 Jahren ein einheitliches Reich, dessen Oberhaupt als ursprünglicher Omaijade ohne Widerstand den Titel des Kalifen beanspruchen konnte. Abd-ar-Rahman hatte das unwahrscheinliche Glück, noch weitere 32 Jahre in Frieden herrschen zu können. Diese Kontinuität wirkte sich auf das Land in jeder Hinsicht befruchtend aus. Besonders die Architektur erfuhr durch die Errichtung von Medinet-az-Zahra (936), einer Palast-Stadt unweit von Cordoba, einen Höhepunkt. Cordoba, bisher die Hauptstadt eines Emirats, wurde zur Residenzstadt des neuen Kalifats, und die Hauptmoschee der Stadt erhielt damit eine neue Bedeutung. Der Plan zu einer zweiten Erweiterung der Bethalle entstand also gegen Ende einer kontinuierlichen, fast ein halbes Jahrhundert dauernden Friedenszeit. Die dreiteilige, aus kuppelüberwölbten Räumen bestehende Maksura war also vorgesehen für einen Herrscher, dem das Land langwährenden Frieden verdankte. Abd-ar-Rahman starb bald nach dem Beginn der Erweiterungsarbeiten, sein Sohn Al-Hakam übernahm die Aufgabe, das Werk seines Vaters zu vollenden. Der Vormihrabraum, der zugleich die Funktion der Maksura zu erfüllen hatte, wurde 4 Jahre nach dem Tode von Abd-ar-Rahman vollendet. In Andalusien herrschte weiterhin Frieden und Sicherheit.

Wenn wir annehmen, daß die Vielpaßform und das Sichkreuzen der Bogen im Grunde Projektionen räumlicher Eindrücke darstellen, so wäre in der Gestalt der kuppeltragenden Wände im wesentlichen eine *Verdichtung* des umhaft erfahrenen Realraumes zu erkennen. Das Hintereinander erscheint an diesen Wänden als ein *In- und Übereinander.* Die Tiefendimension wird auf ein Minimum (die Wandstärke) reduziert. Die Vielpaßform drückt eine Kondensierung der Breitendimension aus. Nicht nur die Interkolumnien werden enger, sondern auch der Wellenrhythmus, der über die ganze Bethalle sich ausbreitet, wiederholt sich in gedrängter Form in den Umrissen der Vielpaßbogen. So entstehen die komplexen Wandgefüge, die die empirisch erlebte Endlosigkeit des Raumes versinnbildlichen.

In dieser Form der Grenzgestaltung zwischen dem Raum der Gemeinde und dem des Kalifen wird die harmonische, positive Beziehung zwischen Volk und Herrscher sichtbar. Das traditionelle, reale Gitter

158. Cordoba, die Maksura vom Mittelschiff aus gesehen.

existiert nicht mehr. Durch die Zugehörigkeit der kuppeltragenden Wände zum doppelschichtigen Bogensystem der Bethalle erscheint die Maksura als eine Fortsetzung des Betraumes. *Die Bodenfläche geht ohne Unterbrechung* durch. Der Kalif und die Gemeinde werfen sich auf der gleichen Ebene nieder. Als Repräsentant der weltlichen Macht jedoch erscheint er der Gemeinde in endlosem Abstand. Die Maksura von Cordoba öffnet sich vor den Augen der Gemeinde wie eine Lichtung in einem dichten, dunklen Wald. Die sich kreuzenden Bogenkompositionen erscheinen im Gegenlicht wie Scherenschnitte. Die Sicht in die Kuppel wird von den Bogen verdeckt. Die in der Bethalle weilenden Gläubigen erahnen nur Glanz und Reichtum des Maksura-Bereiches. Anschaulich wird die Form und die eigentliche Pracht dieser Räume nur dem, der die „Grenze", d. h. die Wand der sich kreuzenden Bogen durchschreiten darf. Diese Wände verbinden die Maksura mit der Bethalle, suggerieren jedoch einen unermesslichen Abstand zwischen dem Herrscher und dem Volk.

Die Pfeilerarkadenwände

Die frühen Pfeilermoscheen

Der Abbaside Al-Saffah setzte der Herrschaft der Omaijaden in Syrien ein unerbittliches Ende (747). Abd-ar-Rahman, der Ahnherr des späteren Cordobeser Kalifats, ist der einzige gewesen, der sich von der totalen Vernichtung seines Geschlechtes nach Nordafrika retten konnte. Al-Saffah ließ sich 750 in Damaskus zum Kalifen ausrufen, residierte aber nur 4 Jahre in dieser Stadt. Sein Nachfolger, Al-Mansur, verlegte das Zentrum des neuen Kalifats nach Mesopotamien. 762 wurde die Hauptstadt Bagdad gegründet: Eine kreisrunde Stadt von einem Durchmesser von etwa 4 Kilometern. In der Mitte des Kreises ließ der Kalif seinen Palast bauen, und angeschlossen an die Nordwand des Palastes errichtete man die Große Moschee. Nach den zeitgenössischen Berichten wurde die Moschee auf quadratischem Grundriß gebaut. Die Bethalle hatte in der Breite siebzehn und in der Tiefe fünf Joche. Der Hof war an den Ost-, Nord- und Westseiten von doppelten Kolonnaden umgeben. Die Stützen waren aus Holz, die Balken des Flachdaches ruhten direkt, d. h. ohne Vermittlung einer Bogenwand, auf ihnen. Die Umfassungsmauern der Moschee waren aus Rohziegeln und hatten halbzylindrische Strebekonstruktionen und runde Ecktürme. Nach den Rekonstruktionsversuchen von Creswell und Golvin sind die Joche quadratisch, und die Säulenabstände schwanken zwischen 5 bis 6 Metern. In seinem Bericht über Bagdad beschreibt der arabische Chronist Al-Kâtib die Stützen der Bethalle als „aus doppelten Holzsäulen bestehend“.[29] Diese Verstärkungsmaßnahme wie auch der Säulenabstand von 5 Metern lassen vermuten, daß die Höhe nicht weniger als 6 Meter betragen hat. Die Bethalle von Bagdad muß nach diesen Angaben ein völlig anderes „Raumbild“ als die omaijadischen Moscheen geboten haben. Die Vermutung einiger Autoren, daß Bethallen ohne Bogenstellungen nur bei den Holzmoscheen vorkommen, ist zwar konstruktiv überlegt berechtigt, entspricht aber nicht immer den Tatsachen. Die Moschee von Kûfa beispielsweise, die im Jahr 676 wiederhergestellt wurde, hatte „unwahrscheinlich hohe Säulen aus hartem Stein . . . und diese erreichten direkt die Decke.“[30] Das Nichtvorhandensein von Bogenstellungen wäre nicht unbedingt auf das Baumaterial, sondern auf eine andersartige Raumkonzeption zurückzuführen, die sehr wahrscheinlich mit den altpersischen Hallenbauten in Zusammenhang steht und sich in Mesopotamien bereits in den Anfangszeiten des Islams als Bethallenkonzept eingebürgert hatte. Daß die Abbasiden in der Gestaltung ihrer ersten „offiziellen“ Moschee sich an diese Lokaltradition hielten, ist vielmehr als eine bewußte Distanzierung von der omaijadischen Bauart zu verstehen.

159. Samarra, Abu-Dilif-Moschee.

160.

160. Samarra, Grundriß der Abu-Dilif-Moschee (nach Lucien Golvin).

161. Samarra, mutmaßlicher Grundriß der Großen Moschee (gezeichnet nach Herzfeld).

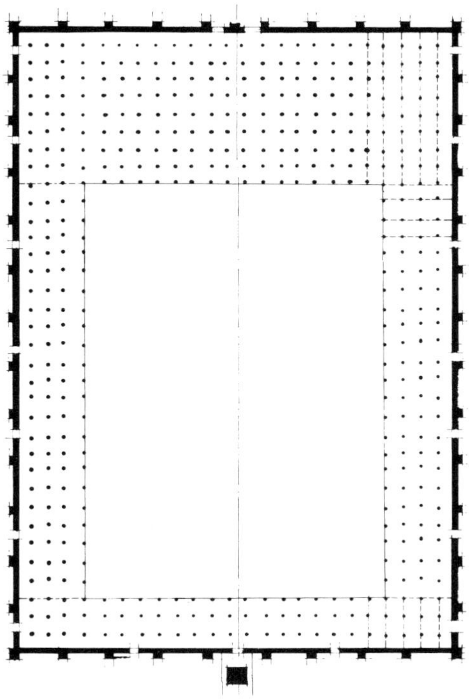

161.

Die beiden Moscheen von Samarra

Die Stadt Samarra wurde im Jahre 836 vom Kalifen Muttasim gegründet. Man wählte als Ort ein fruchtbares Gelände am östlichen Tigrisufer, etwa 100 Kilometer nördlich von Bagdad. Ihre eigentliche Glanzzeit, die nur 14 Jahre dauern sollte, fiel in die Regierungszeit des Kalifen Mutawakkil. Nach der Ermordung dieses Herrschers (861) hörte die intensive Bautätigkeit auf, und 8 Jahre später verließen seine Nachfolger Samarra, um ihre Residenz wieder nach Bagdad zu verlegen. Auch die Bevölkerung zog allmählich aus, und bereits Anfang des 10. Jahrhunderts war die Stadt den Sandverwehungen der Wüste überlassen. Die Zerstörung geschah nicht durch Krieg, Brand oder Erdbeben, also durch eine jähe Katastrophe, sondern die Zeit vernichtete sukzessive diese Stadt. So bietet Samarra, verglichen mit anderen Ruinenstätten, ein sehr ungewöhnliches Bild. Was an Material der Verwitterung nicht standhalten konnte – z. B. Holz und Rohziegel –, verschwand spurlos; was hingegen solid genug war – Teile aus gebranntem Ziegel und Stukkaturen –, blieb unter den Sandverschüttungen unverändert erhalten.

So überlebten ein beträchtlicher Teil der Umfassungsmauern der Großen Moschee und ihr berühmtes Minarett Malviya die Sandverwehungen, weil sie aus gebrannten Ziegeln gebaut waren. Die aus Lehmziegeln gemauerten Stützen der Bethalle und das Holzdach sind hingegen völlig verschwunden. Die Form des Grundrisses konnten die Archäologen nur aus den Spuren „ablesen", die das Dach und die Stützen in den Sand geprägt hatten. Herzfeld, der als erster die Ruinen von Samarra genau untersucht und Vermessungen durchgeführt hat, schreibt über die Große Moschee: „Die Hallen markieren sich auf dem Boden als ein System erstaunlich regelmäßiger Schuttreihen. Vom Gipfel des Minaretts aus erscheint der ganze Grundriß wie eine Zeichnung. Diese Schuttreihen laufen alle senkrecht zu den Umfassungsmauern, also im Haram und der Nordhalle nordsüdlich, in den Seitenhallen westöstlich, wie es durch die punktierten Linien des Planes (Bild 161) deutlich wird. Sie sind die Reste des Daches und stellen die lichte Weite der Schiffe, nicht etwa den Körper der Stützen dar. Daher liegt z. B. je eine solche Schuttreihe im Haram am Fuße der östlichen und westlichen Umfassungsmauer, und die drei mittleren von den 25 Reihen des Haram liegen genau in den Achsen des dreiteiligen Haupttors. Die einstigen Stützen werden dagegen durch die Furche zwischen diesen Schuttreihen vertreten. In diesen Furchen wieder bemerkt man eine regelmäßige Zahl tiefer Löcher, den Ort der Stützen selbst ... Die Schutthöhe in den Furchen zwischen diesen Löchern ist geringer als der Grat der Schuttreihen. Dieser Befund läßt eindeutig erkennen, daß die Dächer zuerst einstürzten, während die Stützen und ihre obere Verbindung noch aufrecht standen. Und auch, daß der Verfallzustand, in welchem die Stützen so aus dem Schutt aufragten, ziemlich lange bestanden haben muß."[31] Ausgehend von diesen Beobachtungen, hat Herzfeld gefolgert, daß die Stützen der Großen Moschee von Samarra wie die von Bagdad aus Holzsäulen bestanden hätten. Diese Vermutung Herzfelds wurde durch die spätere Forschung[32] berichtigt. Es wird nun allgemein angenommen, daß die Pfeiler aus Lehmziegel gemauert waren und deshalb der Witterung nicht standgehalten haben. Während der Ausgrabungen fand man Reste von schlanken Marmorsäulen mit achteckigem Querschnitt; dies hat die Vermutung aufkommen lassen, daß auch die Pfeiler einen oktogonalen Grundriß hatten und die Marmorsäulen an den vier Ecken der Pfeiler eingebunden waren. Die Lichtweite zwischen den Stützen wird ungefähr auf 3,5 Meter geschätzt. Spuren von Bogenstellungen konnte man nirgends finden. Da die Außenwände der Moschee zum Teil erhalten sind, ist die Höhe der Bethalle leicht abzuschätzen: Sie beträgt ungefähr 9 Meter.

Sollten diese Vermutungen und Feststellungen zutreffen, dann muß die Bethalle von Samarra ein ungewöhnliches „Raumbild" geboten haben: eine nur aus massiven vertikalen Trage-Elementen bestehende Halle, die etwa zu einem Fünftel von Pfeilerkörpern besetzt war! Bogenstellungen hätten hier sicher eine gewisse Kontinuität des „Raumflusses" im Horizontalen bewirkt. Auf die Decke direkt anstoßende Pfeiler aber, die im Grundriß eine Fläche von 3,5 Quadratmetern beanspruchen und nur eine Lichtweite von ungefähr 3 Metern haben, machen es unmöglich, optisch den Raum als ein Kontinuum zu erfassen. Sie lassen vielmehr eine endlose Kette von „Zwischenräumen" entstehen, in dem sich der Betende wie in einem Schacht gefühlt hätte.

Die zweite Moschee von Samarra, die Abu-Dilif-Moschee, wurde 859, also 12 Jahre später als die Große Moschee, errichtet. Die Bauzeit dauerte nur 2 Jahre. Im Gegensatz zur Großen Moschee war hier das Baumaterial der Stützen gebrannte Ziegel, während man für die Außenmauern Rohziegel verwendete. So blieben hier die Stützen zum großen Teil erhalten. Von den Umfassungsmauern hingegen ist sehr wenig zurückgeblieben. Die Ruinen der beiden Moscheen bieten zwei völlig verschiedene Bilder. Wegen der Ähnlichkeit ihrer Grundrißformen werden diese beiden Bauwerke in der Fachliteratur immer zusammen erwähnt und als Repräsentanten eines neuen Moscheentypus angeführt. Im Zusammenhang mit ihren Bethallen wird meistens auf die Verschiedenheit der Richtungen ihrer Stützenreihen hingewiesen. Ein Vergleich der Richtungen ist jedoch architektonisch belanglos. Was in der Großen Moschee – heute im Sand geprägt – als senkrecht zur Qiblawand laufend erscheint, waren keine Bogenreihen, sondern gerade Dachbalken aus Holz. In der Bethalle der Abu-Dilif-Moschee hingegen waren die Pfeiler durch Bogen miteinander verbunden. Bogenwand und aus Ziegeln gemauerte Pfeiler bildeten zusammen Reihen von frei in den Raum gestellten *Tragewänden*. Dies gab dem Raum sicher einen ganz anderen Charakter: Der Typus von Tragewand, den wir in der Abu-Dilif-Moschee finden, unterscheidet sich zwar in seiner Gestalt von den Tragewänden der omaijadischen Säulenmoscheen. Durch die Einführung der Bogenstellungen aber erhält der Raum eine ähnliche Struktur.

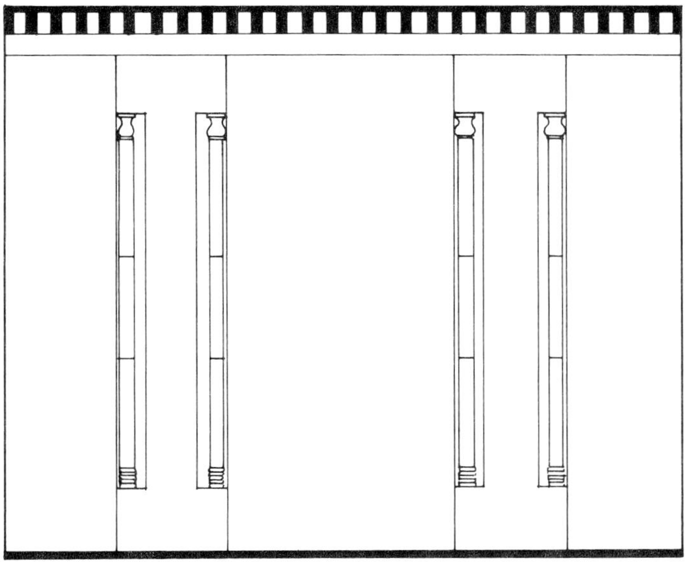

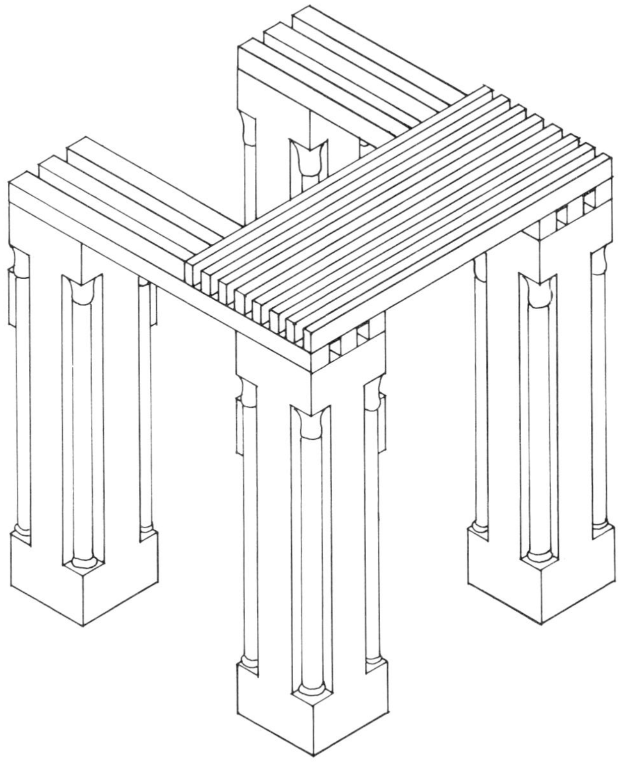

162., 163. Samarra, die Pfeiler der Großen Moschee, gezeichnet nach Rekonstruktionen von Lucien Golvin.

Das Neben- und Hintereinander der Bogenreihen erzeugt verschiedene horizontale Fluchtlinien im Raum.

Neben der *Verbindung von Pfeilern und Bogen* zu einer Tragewand treten in der Abu-Dilif-Moschee drei weitere neuartige Motive in Erscheinung:

1. Die oblonge Form der Pfeiler.
2. Spitzbogen an den Arkadenwänden.
3. Die Rhythmisierung der Tragewand durch kleine Fensteröffnungen zwischen den Bogen.

Durch die Verflachung des Pfeilergrundrisses in der Richtung der Bogenzüge kommt der *Wandcharakter* des Tragesystems deutlicher zum Ausdruck. Die kleinen Fenster zwischen den Bogen hat zuerst Ernst Diez, später auch Golvin als „Entlastungsfenster" bezeichnet[33]. Creswell, in seinem unermüdlichen Eifer, für jede neue Form in der islamischen Architektur eine Quelle – „architectural origins" – zu suchen, führt sie auf die römischen Brücken zurück und bemerkt ergänzend, daß solche „Entlastungsfenster" auch in der samanidischen Architektur vorkommen[34]. Solche Zwischenöffnungen auf dem Bogenniveau sind tatsächlich am frühesten bei den römischen Brücken anzutreffen. Doch ihre Funktion ist hier keineswegs die Entlastung der Brückenpfeiler, sondern der Durchlauf für das Wasser im Hochstand. Die Römer selbst als Erfinder zahlloser Varianten der Pfeilerarkaden haben nirgends versucht, Pfeiler durch Zwischenöffnungen zu entlasten. Dies zeigt deutlich, daß die Assoziation Creswells eine rein visuelle ist und nicht auf eigentlichen konstruktiven Zusammenhängen beruht.

Die beiden Moscheen von Samarra gleichen sich nur in der Grundrißform. Doch können wir hier nicht von einem „Samarratypus" reden. Denn die Raumstrukturen der beiden Bethallen lassen sich kaum vergleichen. Die Bethalle der Großen Moschee gehört zum Typus der mesopotamischen Flachdeckenkonstruktionen (Bagdad, Kûfa, Wasit), während in Abu Dilif die uralte Tradition der südsyrischen Hallenkirchen wieder auflebt (Tafhā, Nimreh), die ihrerseits die Tradition der vorchristlichen Basilikahallen dieser Gegend fortsetzen (Kanawāt, Chaqqa). So bilden die Tragewände von Abu Dilif die ersten *Pfeilerarkaden* in der islamischen Moscheearchitektur.

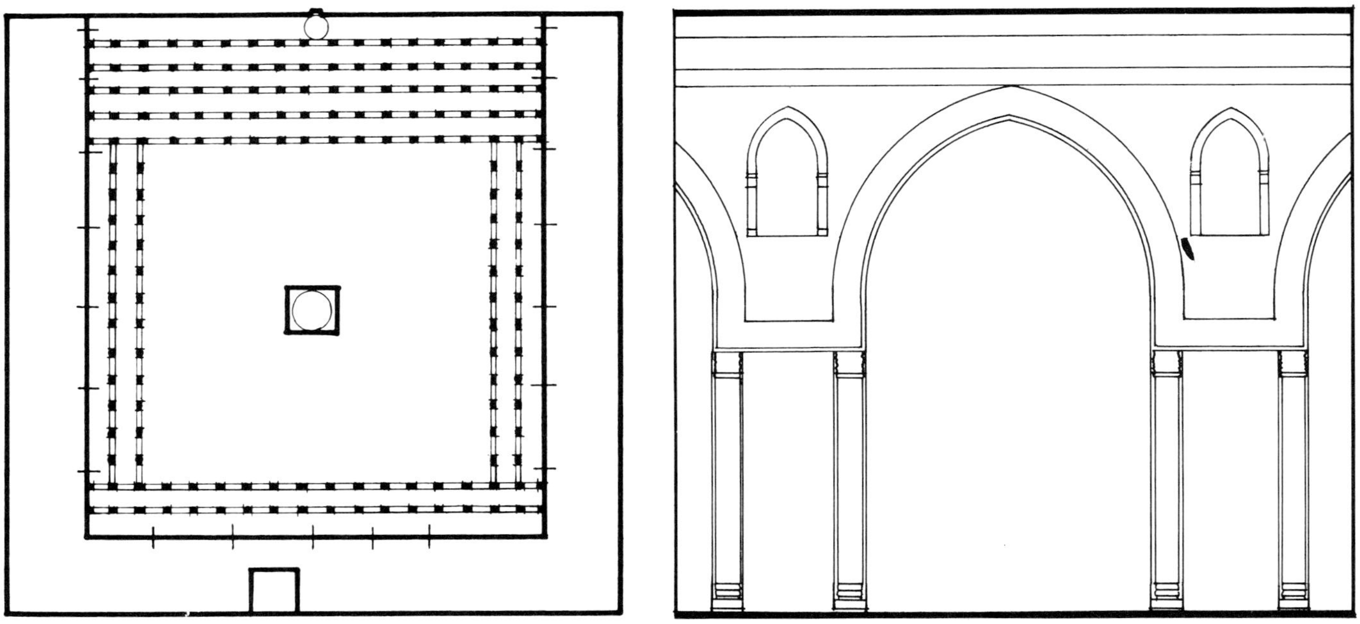

164., 165. Kairo, Ibn-Tulun-Moschee, Grundriß und Tragewände.

Ibn-Tulun-Moschee in Kairo

Der Erbauer dieser Moschee war der aus Buchara stammende Türke Ahmed Ibn Tulun. Sein Vater war beim Kalifen im Dienst, und Ahmed wuchs in Samarra auf. Von der Verwirrung profitierend, die nach der Ermordung des Kalifen in Samarra herrschte, reiste er mit einer Gruppe von türkischen Söldnern nach Ägypten; es gelang ihm hier, ein eigenes Fürstentum zu gründen. Im Jahr 870 wurde die heute nach ihm benannte Moschee und das neue Stadtviertel Maydan gegründet, das neben dem Fürstenpalast ein Krankenhaus, ein Hippodrom und einen Aquädukt umfaßte.

Die Tulun-Moschee in Kairo stellt eine Art Synthese der bisher in Syrien, Ägypten und Mesopotamien gemachten Bauerfahrungen dar. In der Literatur wird sie in die Gruppe der „Samarra-Moscheen" eingeordnet, vermutlich deshalb, weil sie auch ein Backsteinbau mit Pfeilerarkaden ist. Doch die Ähnlichkeit zu den Samarra-Moscheen fällt neben den Impulsen, welche dieser Bau von Nordsyrien erhalten hat, weniger ins Gewicht.

Die *Technik* des eingeritzten Stuckornaments und auch gewisse formale Ähnlichkeiten einzelner Ornamentmotive hat der Tulun-Moschee den Ruf eingetragen, die „Samarra-Kunst" in ihrer Vollendung darzustellen. Unter der „Samarra-Kunst" verstehen die Fachleute hauptsächlich die Technik und Motive des eingeritzten Stuckornaments, das die Wände der Paläste und Wohnhäuser der Stadt einst geschmückt hat. Fragmente von solchen vollständig mit Ornament überzogenen Wänden traten bei den Ausgrabungen in Erscheinung (Bayt el-Khalifa, Bulkawara usf.).

166. Kairo, Ibn-Tulun-Moschee.

So sehr die Technik und einzelne Formelemente auch übereinstimmen mögen, ist die Funktion des Architekturornaments in der Tulun-Moschee eine völlig neuartige. In Samarra erscheint das Ornament als ein endloses *Feld:* Das Grundmuster wäre theoretisch in der Breiten- wie auch in der Höhendimension beliebig erweiterbar, wenn es nicht von den anschließenden Wänden und von der Decke unterbrochen würde. In der Tulun-Moschee hingegen sind die Wände nicht mit Ornament überzogen. Das Ornamentmuster erscheint hier in *Bandform* und dehnt sich nur in horizontaler Richtung aus. An den Palastwänden von Samarra ist das Ornament vorherrschend, es „überschwemmt" sozusagen die Wand; Bauformen und Ornament stehen hier nicht in einem zwingenden Zusammenhang. In der Tulun-Moschee bleibt die *Architektur* maßgebend, sie wird vom Ornament nicht überdeckt, sondern begleitet. In der Form eines relativ schmalen Streifens setzt sich das Ornament ohne Unterbrechung über Bogen und Pfeiler fort und unterstreicht damit auf eine schlichte Art die Konstruktion.

In der Grundrißform unterscheidet sich die Tulun-Moschee von den Samarra-Moscheen ziemlich stark. Einzig die Ziyadas und die Plazierung des Minaretts hat sie mit ihnen gemeinsam. Ihr Grundriß ist quadratisch. Der Betraum ist, ähnlich wie die der Moscheen von Bagdad und Kûfa, nur fünf Joche tief. Bezüglich der Grundrißform ist die Tulun-Moschee eher in der mesopotamischen Tradition verankert. Inspiriert von Samarra – von Abu Dilif – ist hingegen der Aufbau der Tragewände. Die Pfeiler/Bo-

167. Kairo, Ibn-Tulun-Moschee, die Bethalle vor der Restauration.

168. Kairo, Ibn-Tulun-Moschee, Detail der Hoffassaden.

gen-Wand mit kleinen Fensteröffnungen zwischen den Bogen wird von Samarra übernommen. Die gleiche Struktur erscheint aber in Ibn Tulun, vom Ornament unterstützt, in einer besser artikulierten Gestalt.

Charakteristisch für die Tulun-Moschee ist die vollständige Eintönigkeit: Der Bau besteht eigentlich aus einer beinahe zweihundertmaligen Wiederholung des gleichen Motivs. Die Form der Pfeilerarkaden unterscheidet sich im Innern und an den Hoffassaden kaum voneinander. Alle Pfeiler und Bogen haben die gleiche Struktur, die gleichen Proportionen und die gleichen Dimensionen. Die Angleichung aller Bestandteile war in keinem vorangehenden Moscheebau so vollständig wie hier.

Die Große Moschee von Samarra war der erste islamische Bau, in dem Pfeiler mit vier Ecksäulen zu einer Stütze zusammenkomponiert wurden. Die aus Backstein gemauerten Pfeiler hatten einen oktogonalen Grundriß. Die Ecksäulen, die ebenfalls einen achteckigen Grundriß hatten, wurden an die vier Pfeiler angelehnt, sie waren aber aus Marmor gehauene, selbständige Elemente. Da die Stützen nicht durch Bogenstellungen miteinander verbunden waren, erschienen hier diese Säulen vermutlich als reine Dekorationselemente. In der Abu-Dilif-Moschee, bei der die Pfeiler durch Bogen verbunden sind, ließ man die Ecksäulen aus. In der Tulun-Moschee werden aber die Pfeiler mit vier eingemauerten Ecksäulen durch Bogenstellungen verbunden. Damit entsteht eine neuartige Konzeption der Tragewand. In der Tulun-Moschee wird nicht nur eine absolute Angleichung der Formelemente angestrebt, sondern auch eine absolute Vereinheitlichung des Baumaterials und des Bauornaments.

Pfeiler, Bogen und Säulen mitsamt ihren Kapitellen

169. Kairo, Ibn-Tulun-Moschee, die nördlichen Hofarkaden.

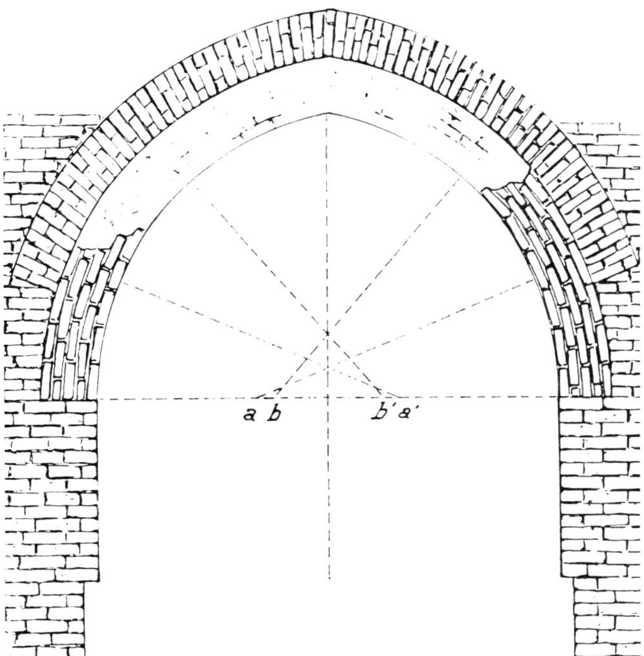

170. Die Bogenkonstruktion der Abu-Dilif-Moschee (nach L. Golvin).

sind aus gebranntem Ziegel gemauert und mit Stuck überzogen. Die Pfeiler haben durchwegs einen oblongen Grundriß. Durch die betont flache Form der Stützen in der Richtung der Bogenzüge wirken die Tragewände leichter, obwohl ihre Stärke 1,27 Meter beträgt. Auch durch einige andere, geschickt angewendete Mittel wird erreicht, daß die Bogenwände dünner erscheinen, als sie in Wirklichkeit sind: Die Stirnfläche der Bogen sind z. B. an den beiden Seiten mit einem im Verhältnis zur Bogenleibung ziemlich schmalen Ornamentstreifen überzogen. Auch die Innenfläche der Bogen ist mit einem gleichartigen Stuckornament überdeckt. An den Schmalseiten der Pfeiler gliedern die Ecksäulen die Innenflächen und lassen den Pfeilerkörper nur zu einem Drittel in Erscheinung treten. Alles zusammen bewirkt, daß am Bogendurchgang das Auge kaum mit der Masse der Mauer konfrontiert wird. Frontal betrachtet, dominiert die glatte Wandfläche. Nur ein schmaler Ornamentstreifen markiert die Stirnfläche der Bogen und setzt sich ohne Unterbrechung über die Pfeiler fort.

Die Ecksäulen mit ihren ebenfalls von gleichartigem Stuckornament überzogenen, glockenförmigen Kapitellen verbinden sich mit dem alternierend horizontal und in Spitzbogenform sich fortsetzenden Ornamentstreifen, und alle zusammen bilden ein dekoratives System, das an die spätrömische Kombination von Säule/Archivolte/ Architrav erinnert (Hadrian-Villa). Dieses Motiv wurde in Nordsyrien bereits im 5. Jahrhundert in die christliche Architektursprache übertragen und erfuhr in den Kirchen von Bakhira, Qalât-Seman und Qalb-Lûzeh verschiedene Abwandlungen. Diese Kirchen sind reine Steinbauten, auch das Ornament war in Stein gehauen. In der Tulun-Moschee wird das gleiche Schema in die Stuckfläche eingeritzt und erscheint wie eine vom Mauerkörper sich abhebende „Zeichnung".

Wie die großen Bogenöffnungen sind auch die kleinen Spitzbogenfenster mit Ecksäulen und einem schmalen Stirnflächenornament versehen. Der Rhythmuswechsel zwischen den großen und kleinen Bogenöffnungen, der angeblich von römischen Brücken

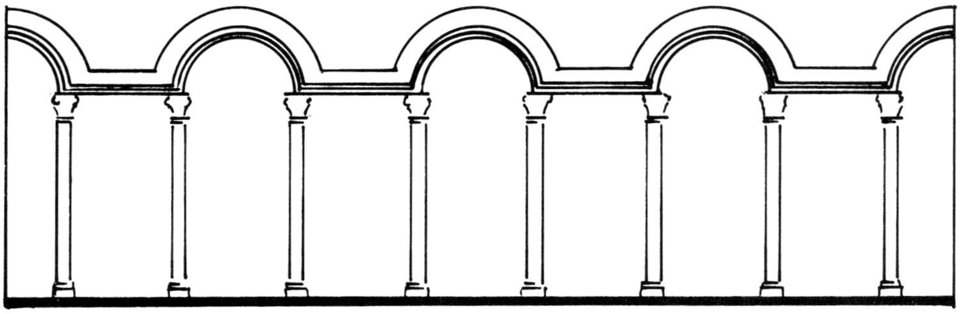

171. Tivoli, Hadrians Villa.

172. Qâlb-Luzeh, der untere Teil der Hochschiffarkaden.

inspiriert sein soll, erfüllt hier in der Tat eine ähnliche Funktion: Diese Öffnungen lassen zwar nicht das Wasser, aber das Licht durchfließen.

Ihre Aufgabe erschöpft sich jedoch nicht bloß darin, die Tragewände für Licht- und Raumfluß durchlässig zu machen. Die kontrapunktische Anordnung von ähnlich gestalteten, aber verschieden großen Bogenöffnungen an der gleichen Wandfläche dämmt das Vorherrschen der horizontalen Dimension ein.

Der 8464 Quadratmeter weite quadratische Hof ist von 52 gleichförmigen Bogen umgeben. Diese Wiederholung des gleichen Motivs wird nirgends unterbrochen. Weder die Mitte der Hoffassaden noch die Ecken werden irgendwie hervorgehoben. Die Pfeilerarkaden stoßen an den Ecken senkrecht aufeinander. Auch der Rosettenfries setzt sich über die Arkadenwände fort und zeigt an den Ecken keine Zäsur. Wer im Hofe steht, fühlt sich in eine „Kreisbewegung" eingefangen, deren Anfang und Ende nicht zu bestimmen ist. Zu der mehrfachen Betonung der horizontalen Dimension bilden die kleinen Fenster einen Gegenrhythmus. Durch ihre dunkle Gestalt und schmale Form setzen sie kontrapunktische Akzente zu den hellbeleuchteten Arkadenwänden.

In der Bethalle erzeugen dieselben Fenster eine gegenteilige Wirkung: Hier erscheinen sie nicht als dunkle Löcher, sondern als schmale Lichtöffnungen. Die fünf Tragewände – sie laufen der Qiblawand parallel – erhalten durch sie eine abwechslungsreiche Beleuchtung. Der Lichteinfall zeigt hier im Prinzip eine Ähnlichkeit mit dem der Bethalle von Damaskus. Das Licht fällt auf die querlaufenden Wände vom Hof her ein, und zwar auf zwei Ebenen (Arka-

173. Samarra, die Tragewände der Abu-Dilif-Moschee.

174. Kairo, die Tragewände der Ibn-Tulun-Moschee.

den und die oberen Bogenöffnungen). Doch in Damaskus sind die beiden Bogenreihen *übereinander* gestellt und verlaufen gleichmäßig. In der Bethalle der Tulun-Moschee erscheint die Lichtführung komplexer, weil die beiden Bogenreihen in wechselndem Rhythmus ineinander verschoben sind.
Die Niveauverschiebung zwischen den unteren und oberen Bogenreihen erzeugt zugleich neuartige Durchblicke: perspektivische Züge auf zwei verschiedenen Ebenen. Die Überschneidungen ergeben hier Konstellationen und Lichteinfälle, die man mit Cordoba oder Kairuan nicht mehr vergleichen kann. Mit dem Bau der Tulun-Moschee wird nach Cordoba und Kairuan eine *dritte* Form der islamischen Bethalle verwirklicht. Das gleiche Raumkonzept gelangt hier mit ganz anderen Formelementen und anderem Baumaterial zu einer neuartigen Konzeption.

Die alternierende Folge von Archivolte/Architrav, die zum ersten Mal in Hadrians Villa in Tivoli in Erscheinung trat (Abb. 171), wurde im 5. und 6. Jahrhundert in der syrischen Architektur an Fenster- und Bogenwänden als dekoratives Motiv angewendet, so z. B. an den Außenwänden von Qâlat-Seman und Qâlb-Luzeh und an der Hochschiffwand von Qâlb-Luzeh (Abb. 172, vgl. auch Abb. 240).
Eingeschobene Säulen an den Pfeilerkanten und kleine Fenster zwischen den Tragebogen gehen auf die Samarra-Moscheen zurück; das erste auf die Große Moschee, das zweite auf die Abu-Dilif-Moschee (Abb. 173). Die Ecksäulen der Großen Moschee waren, wie bei den Ausgrabungen festgestellt werden konnte, aus Marmor angefertigt (Abb. 162, 163).
Die syrische Umsetzung des spätrömischen Archivolte/Architrav-Motivs geschah in der Form des in Stein gehauenen Profils.
Alle diese Motive schmelzen in der Ibn-Tulun-Moschee zu einem neuen Tragesystem zusammen. Das Material ist hier Backstein, und der Ornamentstreifen, der die Archivolte/Architrav-Folge markiert, ist in die Stuckfläche eingeritzt.

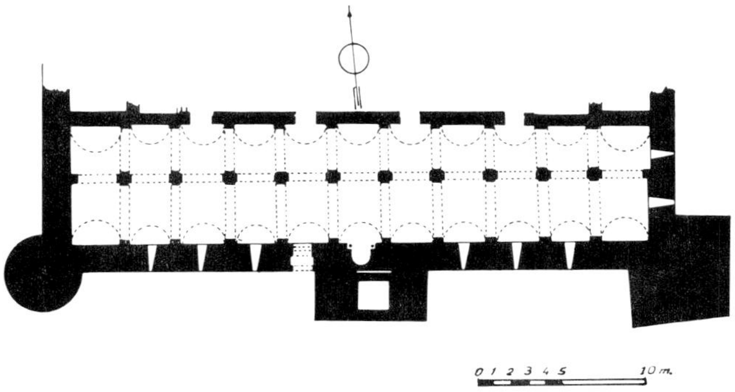

175. Sousse, Grundriß der Moschee im Ribat (nach L. Golvin).

176. Sousse, die Bethalle der Ribat Moschee.

177. , 178. Sousse, die Bethalle der Ribat Moschee. ▶
179. Sousse, der Haupteingang vom Ribat.

Die Moscheen von Sousse und die Große Moschee von Sfax

Die Große Moschee von Sousse und die von Sfax unterscheiden sich von den zeitgenössischen Moscheen dadurch, daß ihre Bethallen keine flache Holzdecke haben, sondern steingewölbt sind. Unter sich sind sie jedoch weder im Stil noch in der Bauart zu vergleichen. Die Große Moschee von Sousse, deren Baubeginn – laut einer Inschrift im Hof – mit Sicherheit in das Jahr 851 fällt, ist ein reiner Steinbau: Pfeiler, Bogen und Gewölbe sind durchwegs aus demselben Stein gemauert. Die erstē 851 errichtete Bethalle hat Tonnengewölbe, während die Joche in der Ende des 9. Jahrhunderts durchgeführten Erweiterung mit einem Kreuzgratgewölbe überwölbt sind.
Wie die Moscheen von Sousse und Kairuan war auch die Große Moschee von Sfax eine aghlabidische Gründung; nach den Rekonstruktionsversuchen von Golvin und Lèzine[35] soll sie eine neunschiffige Säulenhalle mit hölzernem Flachdach gewesen sein. Ende des 10. oder Anfang des 11. Jahrhunderts wurde die Bethalle umgebaut: Die Säulen wurden wahrscheinlich erst bei diesem Umbau in beiden Richtungen mit Rundbogen verbunden und die Joche mit einem Kreuzgratgewölbe überwölbt.
Lucien Golvin ordnet die Moschee von Sfax in die Gruppe der „Kairuaner Schule" ein. Der Aufbau der Säulen, Kapitelle und Kapitellaufsätze zeigt in der Tat eine große Ähnlichkeit mit den Moscheen von Kairuan und Tunis. Ich möchte hier die Moschee von Sfax trotzdem im Zusammenhang mit der Moschee von Sousse besprechen, weil beide Bethallen gewölbt sind und *keine* Tragewände haben. Sowohl in Sousse wie in Sfax werden die Stützen direkt, d. h. ohne Vermittlung einer vertikal aufsteigenden Wand, mit der Wölbung verbunden: In der I. Bethalle von Sousse tangiert die Ansatzlinie der Tonne den Scheitel der Arkadenbogen. In der Bethalle von Sfax und der Erweiterung von Sousse verteilt sich die Last des Kreuzgewölbes *unmittelbar* und *punktuell* auf die Säulen, respektive auf die Pfeiler.

177.

178.

179.

Sousse:

Die Große Moschee ist nicht die erste gewölbte islamische Bethalle. In Sousse befinden sich zwei kleinere tonnengewölbte Beträume, die um einige Jahre älter sind: die Bethalle vom Ribat, gegründet 788, und die kleine Bu-Fûtata-Moschee (841).
Der elfschiffige, aber nur zwei Joche tiefe Betraum vom Ribat befindet sich im ersten Stock an der Südseite der um einen quadratischen Hof herum gebauten Klosteranlage. Die Nordwand besteht hier nicht, wie sonst üblich, aus Bogenarkaden, sondern ist eine geschlossene Wand mit vier Türöffnungen. An der Qiblawand sind sehr schmale, sich nach innen konisch öffnende Fenster angebracht, die von außen wie Schießscharten aussehen. Zwei niedrige Bogen, auf die das Tonnengewölbe direkt aufsetzt, verbinden die Qiblawand mit der Nordwand.
Die mittlere Pfeilerreihe wird durch eine Gurtbogenreihe verbunden. Die Pfeiler haben einen kreuzförmigen Grundriß. Die Anfänger der tonnentragenden Bogen und der Gurtbogen erscheinen als *unmittelbare* Fortsetzung der Pfeiler. Kein Kämpfer oder irgendeine Profillinie markiert den Übergang zwischen den vertikalen und den gewölbten Teilen, d. h. zwischen Stütze und Last. Das Steinmaterial und die Art der Maurerarbeit ist absolut einheitlich. Die einzige Abwechslung im ganzen Raum bilden die antiken Marmorsäulen, die den Bogen der Mihrabnische tragen. Weil die Tonnen und die tonnentragenden Bogen annähernd die gleiche Höhe haben, entsteht im Raum keine Hallenwirkung. Die Bethalle vom Ribat erscheint als ein Nebeneinander von einzelnen tonnengewölbten Raumkompartimenten, die durch niedrige Bogenöffnungen miteinander verbunden sind.
Die kleine Bu-Fûtata-Moschee hat einen quadratischen Grundriß, und der Raum besteht aus neun Jochen (3 x 3). Die einzelnen Joche sind auch hier mit Tonnen überwölbt. Die tonnentragenden Bogen und die Tonnen laufen senkrecht zur Qiblawand. In der Querrichtung werden die Pfeiler durch eine Bogenwand miteinander verbunden. Diese Bogen und die Tonnen sind halbkreisförmig, während bei den tonnentragenden Bogen und dem Bogen über der Mihrabnische die Hufeisenform sehr stark betont wird. Pfeiler und Bogen sind durch Kämpferplatten miteinander verbunden. Diese Platten haben ein dreistufiges Profil und ragen an allen vier Seiten etwa 20 cm hervor. Da hier die tonnentragenden Bogen und die Pfeiler ziemlich hoch sind, wirkt der Raum wie eine kleine Halle.

Die Bauten der Stadt Sousse treten durch die Schlichtheit und Ornamentlosigkeit ihrer Wände hervor. Die kunstvolle Mauertechnik ersetzt hier das Ornament. Durch wohlausgewogene Zusammenfügung von horizontalen und vertikalen Steinquadern erhält die Wandfläche eine unerhörte Lebendigkeit. Ein Streifen mit kufischer Schrift unter dem Dachgesims bildet die einzige ornamentale Zutat im Moscheenhof. Auch das Innere der Bethalle ist ohne Putz, ohne Ornament. Ob Kuppelrippen, Muscheltrompen aus Steinquadern zusammengefügt werden, oder ob Schriftbänder in den Stein gehauen werden, der Stein bleibt hier immer der Träger der Form.

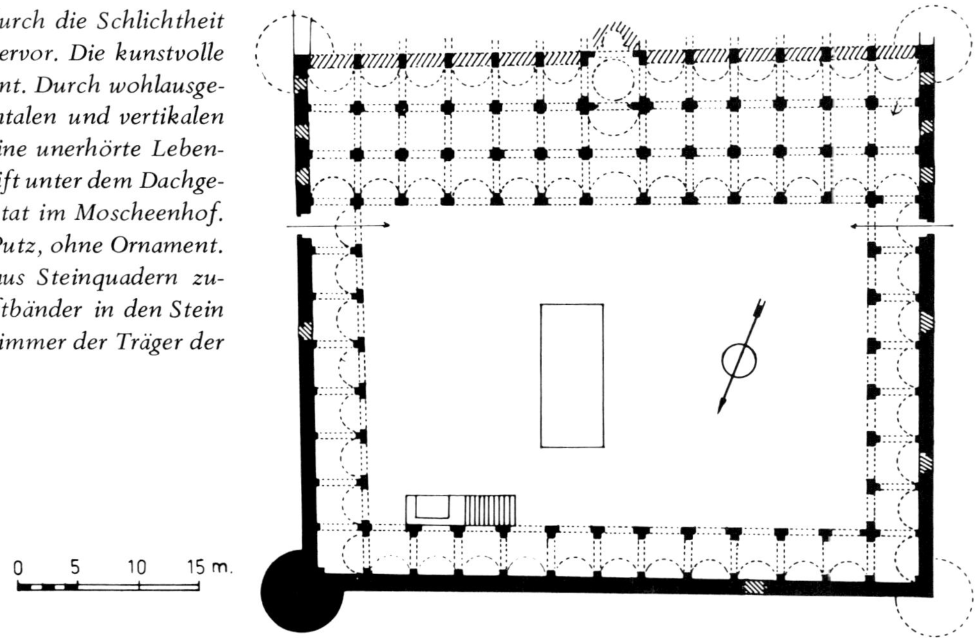

180. Sousse, der Grundriß der Großen Moschee (nach L. Golvin).

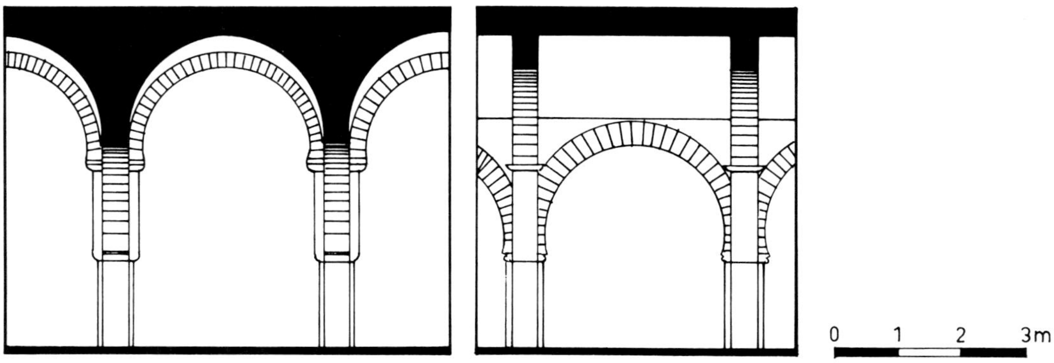

181. Sousse, Große Moschee, Schnitt durch die alte Bethalle.

182., 183. Sousse, Große Moschee, die östlichen Hofarkaden.

Die Große Moschee

Die erste Bethalle von Sousse war ein 13-schiffiger Raum mit vier Bogenachsen in der Qiblarichtung. Später wurde sie an der Südseite (Qiblaseite) erweitert und erhielt drei weitere Joche. Bei der Erweiterung blieb die ursprüngliche Gestalt der ersten Bethalle unverändert. Einzig die Qiblawand und mit ihr die Mihrabnische mußten während der Erweiterung abgetragen werden. Die Kuppel über dem alten Vormihrabraum ließ man jedoch stehen. Die Tragewände der Bethalle und die Bogenwände der Hoffassaden sind gleichförmig gestaltet und haben die gleichen Abmessungen. Die nördlichste Bogenwand der Bethalle bildete ursprünglich die Südfassade des Hofes. Sie unterschied sich kaum von den anderen drei Hoffassaden. Nur der mittlere Bogen der Südfassade war etwas höher, weil das Mittelschiff etwas breiter ist und seine Tonnenwölbung entsprechend höher ausfiel. Vor die Bethalle baute man zur Regierungszeit der Türken (17. Jahrhundert) eine Säulenvorhalle mit gleichhohen Bogenstellungen vermutlich aus dem Grunde, um diese „Unstimmigkeit" zu beheben.
Der Fries mit der kufischen Schrift, der als Abschluß der Arkadenwände um den ganzen Hof herum geführt wird, blieb so an der Südfassade hinter der Säulenhalle verborgen. Diese Säulenarkadenwand hat den Charakter des ursprünglichen Hofes erheblich verändert und vor allem die harmonischen Proportionen des alten Hofraumes zerstört. Der heutige Hof, der durch den Anbau der Säulenvorhalle um eine Achse schmäler geworden ist, erscheint im Verhältnis zur Tiefe viel zu breit.
Die Erfahrungen, die man mit Pfeiler- und Gewölbe-Konstruktionen in den beiden vorangehenden kleineren Bethallen (Bu-Fûtata und Ribat) gemacht hatte, haben die Baumeister dazu veranlaßt, in der Bethalle der Großen Moschee gewisse Einzelheiten neu durchzudenken und zu verbessern. In erster Linie wird hier versucht, den Eindruck der Schwerfälligkeit so weit wie möglich zu vermeiden.
Durch kleine Modifikationen im Detail und in den Proportionen wurde ein beachtlicher Unterschied in der Raumwirkung erreicht. In der Großen Moschee ist das Verhältnis der Pfeilerbreite zur Lichtweite erheblich größer. Die Pfeiler haben – wie im Ribat und in der Bu-Fûtata-Moschee – auch hier einen kreuzförmigen Grundriß. Doch ihre Gestalt ist feiner artikuliert und der Bogenwand besser angepaßt. Auf etwa 1,5 Meter Höhe springen vier Kreuzarme volutenartig hervor. In der Qiblarichtung bilden sie die Widerlager der tonnentragenden Bogen; in der Querrichtung stützen sie die Gurtbogen. Alle Bogen haben eine stark betonte Hufeisenform. Durch den zurücktretenden Hufeisenumriß erscheinen die Bogen gespannter, und die obere Hälfte der Pfeiler wirkt schlanker. In den fünf mittleren Schiffen werden die Ansätze der Gurtbogen mit einer nur in der Querrichtung hervorspringenden Kämpferplatte markiert. So begegnen wir bereits im älteren Teil der Bethalle einem sehr differenzierten Pfeiler/Gewölbe-System, das bei näherer Betrachtung gewisse Parallelen zu den Tragewänden von Cordoba zeigt: Auch hier überschneiden sich zwei verschiedene Tragesysteme. Die Pfeiler bestehen bis zur Kämpferhöhe der Gurtbogen aus einheitlichen, horizontal gelagerten Steinplatten. Konstruktiv gesehen, beginnt die Teilung der Bogen erst auf dieser Höhe. Optisch jedoch wirken die tonnentragenden Bogen

183.

184. Sousse, die alte Bethalle der Großen Moschee.

185. Sousse, die neue Bethalle der Großen Moschee.

und die Gurtbogen als zwei verschiedene, auf flachen Pfeilern ruhende Arkadenreihen, die sich senkrecht überschneiden. Je nach dem Blickpunkt und der Blickrichtung erscheint eine dieser Reihen als die durchgehende und die andere als die dazwischen eingespannte.

Mit dem Bau der Großen Moschee in Sousse wird in der islamischen Architektur zum ersten Mal versucht, ein wohldurchdachtes, *dreidimensional* konzipiertes Pfeiler/Gewölbe-System zu realisieren. Doch es bleibt bei diesem einmaligen Versuch. In der Erweiterung der Bethalle werden die Pfeiler höher, und an Stelle der Tonne tritt das Kreuzgratgewölbe, das dem eigentlichen Charakter der Bethalle entspricht, da sie nicht richtungsbetont ist.

Das Kreuzgewölbe setzt jedoch gleich hohe Bogenstellungen in beiden Richtungen voraus. Diese Art der Gewölbekonstruktion steigert die Hallenwirkung des Raumes; dabei verliert aber die horizontale Dimension an Bedeutung. Mit der Einführung des Kreuzgewölbes wird die Tragewand vollständig eliminiert und damit auch die der islamischen Bethalle eigene Kontinuität der horizontalen Dimension zerstört. In der alten Bethalle wirken die Bogenzwickel noch als ein „Rest" der Tragewand: eine Tragewand von minimaler Höhe. Der leicht zurücktretende Ansatz der Tonne bildet eine kontinuierliche „Schattenlinie" und betont den Übergang von Bogenwand zur Tonnenwölbung. In der neuen Bethalle fließt der Raum ohne Widerstand von einem Joch in das andere. Vielleicht war diese Erfahrung die Ursache dafür, weshalb man in den Pfeiler-Moscheen des 11. und 12. Jahrhunderts wieder auf das System der parallel gestellten Tragewände zurückgriff.

186. 

 187.

186., 187., 188. Sousse, die alte Bethalle und der Vormihrabraum der Großen Moschee.

188. 

Die Deckenwölbung der alten Bethalle von Sousse (Abb. 184) ist recht niedrig. Die Scheitelhöhe der Tonne ist 5, die Scheitelhöhe der Tragebogen ist 3 Meter. Die Tonnen beginnen unmittelbar über den Scheiteln der Tragebogen. In der Erweiterung der Bethalle wurden die Pfeiler erhöht und die Decke statt mit Tonnen mit Kreuzgewölben überwölbt (Abb. 185). Dabei ging die Kontinuität der horizontalen Dimension völlig verloren. In der alten Bethalle hängen die Bogenzwickel in den Raum hinein und rhythmisieren den Raumfluß. Auch der Ansatz der Tonne, der leicht zurücktritt, erzeugt eine durchgehende Schattenlinie und unterstreicht die Kontinuität des Horizontalen. In der neuen Bethalle hingegen fließt der Raum ungehindert von einem Joch in das andere.

Auf den Zusammenhang der Sousser-Bethallen mit der römischen Zisternenarchitektur wurde in der Fachliteratur mehrfach hingewiesen[36]. Die Zisterne Sofra, ursprünglich ein römischer Bau, wurde zur Zeit der Aghlabiden wiederhergestellt und als Wasserreservoir benützt. In der Ortschaft selbst war also eine alte Tradition der unterirdischen Tonnenhalle vorhanden. Doch diese Tatsache allein genügt nicht zu erklären, warum man ausgerechnet in Sousse auf den Gedanken kam, tonnengewölbte Bethallen zu errichten. Zisternen von ähnlicher Art waren im ganzen römischen Reich verbreitet, und Sousse war sicher nicht der einzige römische Boden, auf dem die Araber eine neue Stadt gründeten.

Zudem wäre zu bemerken, daß die erwähnte Zisterne Sofra nicht in jeder Hinsicht als Vorbild für den Bau der Sousser-Bethalle angesehen werden kann. Sie ist eine fünfschiffige Pfeilerhalle mit durchgehendem Tonnengewölbe. Es gibt hier keine Querverbindungen durch Gurtbogen; die Pfeiler haben einen einfachen rechteckigen Grundriß. Die Beziehung zwischen Pfeiler und Gewölbe wird nicht plastisch artikuliert. Die Frage, woher auf einmal der kreuzförmige Pfeilergrundriß nach Sousse kam, bleibt offen wie auch die Fragen nach der Querverbindung durch Gurtbogen und nach der Hufeisenform.

Die Bedingungen, unmittelbares Vorbild für Sousse zu sein, erfüllt hingegen eine andere römische Zisterne, die aber am nördlichen Ufer des Mittelmeers liegt: die „Piscina Mirabilis" bei Bacoli. Dieser Bau hat wie die Bethalle von Sousse Pfeiler mit kreuzförmigem Grundriß, die in regelmäßigen Abständen mit Querbogen verbunden sind. Auf die Frage allfälliger „Querverbindungen" innerhalb des Mittelmeerraumes möchte ich später zurückkommen.

Die Große Moschee von Sfax

Über die ursprüngliche Grundrißform der Großen Moschee von Sfax läßt sich nichts mit Gewißheit sagen. Sie war eine aghlabidische Gründung, wurde jedoch mehrmals umgebaut.

Die heutige Gestalt der Moschee ist ein Ergebnis der Um- und Anbauten aus verschiedenen Epochen. Die erste Bethalle war ein neunschiffiger Raum mit senkrecht zur Qiblawand laufenden Tragewänden. Diese endeten aber nicht bei der Qiblawand, sondern – ähnlich wie in Kairuan – bereits vorher bei einer der Qiblawand parallel laufenden Bogenwand. Die Säulen waren wie sonst bei den aghlabidischen Moscheen aus antiken und christlichen Bauten zusammengetragen. Die Decke soll ursprünglich eine flache Holzdecke gewesen sein. Ende des 10. oder Anfang des 11. Jahrhunderts wurde die Bethalle erweitert und mit Kreuzgewölben überwölbt. Dies geschah ungefähr zur Zeit der Erweiterung der Großen Moschee von Sousse. Weshalb eine Pfeiler- und eine Säulenhalle in den gleichen Jahren entgegen der Tradition mit Kreuzgewölben überwölbt wurden, ist schwer zu beantworten. Der Gedanke, die

189. Sfax, die Arkaden der Großen Moschee.

190. Istanbul, die byzantinische Zisterne Binbirdirek.

quadratischen Joche einer Pfeilerhalle mit Kreuzgewölben zu überwölben, erscheint konstruktiv gesehen, als eine folgerichtige Lösung, während die gleiche Wölbungsform in einer Säulenhalle anzuwenden für die islamische Architektur höchst ungewöhnlich ist. Sollte die erste Bethalle in der Tat eine Holzdecke gehabt haben, dann hätte man nicht nur die Decke, sondern auch die Bogen niederreißen müssen, um den Ansatz der Wölbung direkt bei den Kämpfern beginnen lassen zu können. Daß man die Anker von der ersten Bethalle übernommen hat, ist so gut wie sicher; ungewöhnlich für diese Gegend ist jedoch die Kombination der Säulen mit Kreuzgewölben. Diese Zusammenstellung läßt sich in den römischen Zisternen kaum nachweisen. Säulenhallen mit Kreuzgewölben sind hingegen typisch für die byzantinische Architektur und kommen hauptsächlich in den unterirdischen Räumen bzw. in Zisternen und Substruktionen vor (Istanbul: Binbirdirek, Yere Batan, Bodrum Cami usf.). Ähnliche Zisternenbauten sind auch in Alexandria anzutreffen.

Die almoravidischen und almohadischen Pfeilermoscheen in Maghrib, Algier, Kutbiya, Tinmal und Rabat

Die Almoraviden (1073–1147) und die Almohaden, die vom 11. bis 13. Jahrhundert Maghrib und Spanien beherrschten, wurden zum Träger eines neuen Architektur- und Ornamentstils. Beide Stämme waren Berber und kamen aus dem Süden von Marokko. Ihr Ziel war, durch Gründung eines Staates eine religiöse Reformbewegung in Gang zu setzen. Die Almoraviden vernichteten zuerst die Kunst und Kultur Andalusiens. Doch alles, was sie zu zerstören versucht hatten, begann bald auf sie eine große Faszination auszuüben. Innerhalb von wenigen Jahrzehnten wurden sie selber zum Träger dieser Kultur. Ungefähr nach 50 Jahren wiederholte sich ein ähnlicher Prozeß: Die Revolte begann südlich der almoravidischen Hauptstadt Marakesch, breitete sich aber in kürzester Zeit im ganzen Maghrib aus. Ihr Führer war Ibn Tourmad. Er soll sich lange im Osten aufgehalten und beim großen Theologen und Mystiker Al-Ghazali studiert haben. Seine Reformziele waren für Andersdenkende geradezu vernichtend; sein Fanatismus in religiösen Fragen war unerbittlich. Die Bestrebungen Ibn Toumrads betrafen nicht nur reine Glaubensfragen, sondern er wollte vor allem auch ein neues Rechtssystem einführen. Er starb früh, aber unter der Herrschaft seiner Nachfolger wurden seine Reformpläne in Maghrib und Andalusien mit Gewalt durchgeführt. Religiöser Fanatismus und Intoleranz kennzeichnen die Anfangszeit der almohadischen Herrschaft.

Die Vernichtung der berühmten Bibliothek von Cordoba, die Vertreibung islamischer und jüdischer Wissenschaftler aus Andalusien geschah unter almohadischer Führung.

Das geistige Klima und die Kultur von Cordoba haben diese beiden Berberstämme zugleich abgestoßen und angezogen. Diese Ambivalenz zeichnet sich in ihren Architekturschöpfungen deutlich ab. Besonders die Almohaden haben viel Widersprüchliches in ihre Baukunst integriert und doch vermochten sie, sie zu einer neuen Synthese zusammenzuschmelzen.

Die almoravidischen und almohadischen Moscheen sind durchwegs Pfeilerhallen. Sowohl in ihrer Grundrißform wie auch im Aufbau der Tragewände unterscheiden sie sich von den bisherigen Pfeilermoscheen. Der Hof erhält bereits in den frühesten almoravidischen Bauten einen neuen Charakter: Er wird zum *Innenhof*. Seine Dimensionen werden im Verhältnis zur Fläche der Bethalle entschieden kleiner. Die Bethalle wird an den Ost- und Westseiten mehrschiffig weitergeführt.

Mit dem Beginn der almoravidischen Bautätigkeit wird auch ein neuartiges Pfeiler/Bogen-System entwickelt. Breite, niedrige Pfeiler machen auf der Höhe der Bogenkämpfer einen Rücksprung. Dann setzt sich der Pfeiler als „Flachpilaster“ fort und verbindet sich, bevor er die Holzdecke erreicht, mit einem horizontal laufenden Wandstreifen. Da diese Verbindung oben ohne „Naht“ geschieht, bilden die Pfeiler und der obere Wandstreifen eine Reihe von *rechteckigen Rahmen,* in welchen die dünneren Bogenwände wie eingeklemmt erscheinen. Die betonte Hufeisenform der Bogen verstärkt die Wirkung des Eingeklemmtseins. Pfeiler und Rahmen erscheinen zusammen als das *tragende Gerüst* und die verhältnismäßig dünne Bogenwand als *Füllwand.* In der Tat tragen aber die Bogen nicht nur die dünne eingerahmte Wandscheibe, sondern sie sind wie bei den anderen Pfeilerarkaden die faktischen Träger der Decke.

Die Große Moschee von Algier

Der Bau dieser Moschee geht laut einer Inschrift auf dem Mimbar auf das Jahr 1096 zurück. Sie ist die älteste der erhaltenen almoravidischen Gründungen (die Erweiterung von Qarayiwin in Marakesch 1135, Große Moschee von Tlemcen 1136, Nedroma 1145). Die Große Moschee von Algier erfuhr später zur Zeit der Almohaden (13. Jahrhundert) und Mereniden (14. Jahrhundert) einige Erneuerungen, doch die Grundrißform wie auch die Gestalt der Tragewände sind im großen und ganzen unverändert geblieben. Der Betraum ist eine elfschiffige Pfeilerhalle mit senkrecht zur Qiblawand laufenden Bogenstellungen. Die Pfeilerarkaden des Hauptraumes bestehen aus fünf Achsen. An den Ost- und Westseiten setzen sich die Bogenwände fort und bilden zwei kleinere Seitenhallen. Der ungedeckte Raum, der zwischen dem Hauptraum und diesen beiden seitlichen Flügeln ausgespart bleibt, bildet einen Innenhof. Dieser kleine Hof ist die einzige Lichtquelle der ihn umgebenden Hallen.

Die Bogenstellungen des Mittelschiffes werden in jedem Joch durch einen Querbogen verbunden. In der Bethalle geht an jedem zweiten Joch eine Querbogenarkade durch: die erste vor der Qiblawand, die zweite in der Mitte der Halle, die dritte zwischen dem Hauptraum und den Seitenflügeln. Die mittleren fünf Arkaden dieser nördlichsten Querbogenwand sind etwa ein Meter gegen den Hof zu verschoben und sind massiver als die übrigen Pfeiler der Halle. Diese sind zugleich Außenwände, d.h. sie bilden die Hoffassade der Bethalle.

Die verschiedenen Situationen, je nachdem wie die Pfeilerwände aufeinander stoßen, ergeben verschiedene Pfeilergrundrisse: kreuzförmige und T-förmige und an der Hoffassade – offensichtlich aus Sorge um eine bessere Verteilung des Horizontalschubes – unregelmäßige, komplizierte Varianten von T- und kreuzförmigen Grundrissen.

In den früharabischen Säulenhallen wurden die senkrecht aufeinander stoßenden Bogen selten von einer einzigen Säule getragen. In den meisten Fällen hatte jeder Bogen seinen eigenen Träger, und diese wurden je nach der Situation gruppiert. Es ergaben sich oft Verdoppelungen (Vorhallen von Kairuan und Tunis) oder Gruppierungen in kreuzförmiger Ordnung (die Ecken der Vormihrabräume von Kairuan, Tunis usf.).

Erst am Ende des 10. Jahrhunderts, in der kleinen Moschee Bib-Mardun in Toledo, löste man das Problem mit einer einzigen Säule: Man konstruierte hier die vier Bogen bis etwa zur halben Höhe als einen einzigen, aus horizontalen Schichten bestehenden Backsteinblock. Den Anfang der Hufeisenform markierte man durch Vorkragen und Zurückweichen der horizontalen Backsteinschichten. Ähnlich wie bei den unteren Hufeisenbogen von Cordoba ließ man die eigentliche Bogenwölbung erst auf der halben Bogenhöhe beginnen. Weil hier die vier aufeinander stoßenden Bogenwände einander gegenseitig aussteifen, wird die Säule nur von der Mauermasse belastet, die unmittelbar auf ihr lastet. Diese Konstruktion wurde aber durch Verputz überdeckt. Man verwendete hier – wie in der III. Bethalle von Cordoba – Kämpfer mit kreuzförmigen Grundriß: dabei erreichte man optisch den Eindruck, als wären die vier Kreuzarme des Kämpfers Konsolen und als würde die Last direkt auf die Säulen übertragen. Durch Anwendung dieser Kämpferform am „Schnittpunkt" von zwei senkrecht aufeinanderstoßenden Bogenwänden erreichte man eine formal vollendete Lösung.

Dieses Konstruktionsprinzip, das zuerst in der Bib-Mardun-Moschee angewendet worden ist, wurde im 12. Jahrhundert von den Almoraviden auf den Pfeilerbau übertragen. Die Zahl der Pfeiler, die vier Bogen tragen, überwiegt in der Großen Moschee von Algier. Alle diese Pfeiler haben dementsprechend einen kreuzförmigen Grundriß. Doch die Vierseitigkeit ihrer Trägerfunktion wird nicht durch eine ebenfalls kreuzförmige Kämpferplatte hervorgehoben, und zwar vermutlich deshalb nicht, weil eine „vierarmige" Kämpferplatte den Pfeiler als Träger

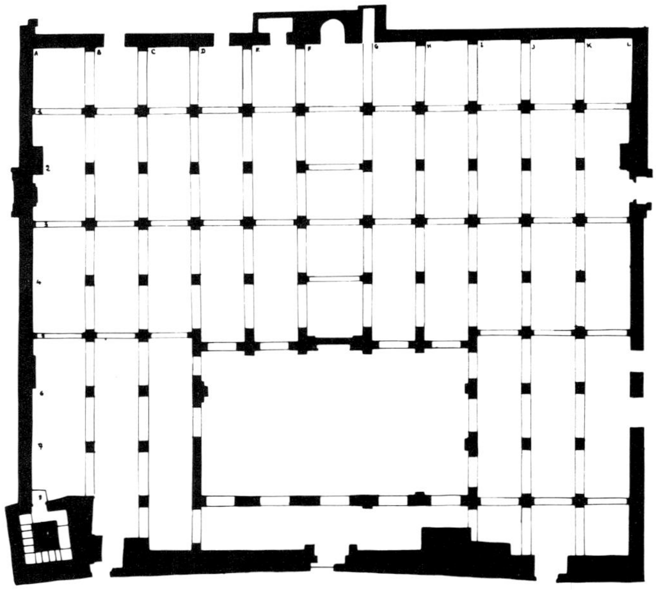
191.

191. Algier, Grundriß der Großen Moschee (nach Marçais).
192. Marakesch, Grundriß der Qutbiya Moschee (nach Marçais).
193. Tinmal, Grundriß der Grabmoschee von Ibn Turmad (nach Hainaut).

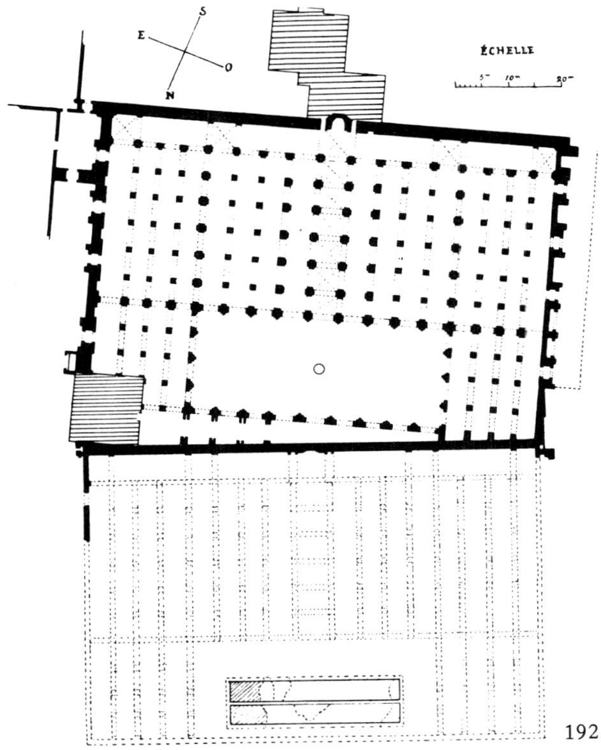

192.

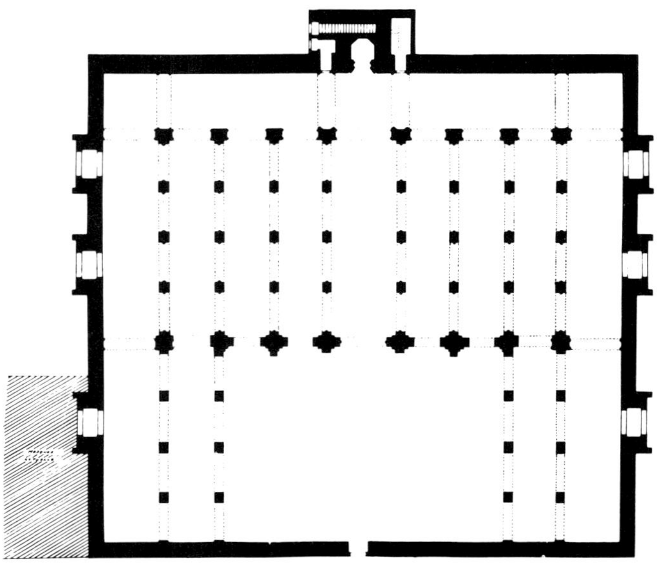
193.

isoliert und die Wirkung des Rahmens gestört hätte. Bemerkenswert ist, daß hier die senkrecht aufeinanderstoßenden Wände nicht als gleichwertige Wände ausgestaltet sind. Nur in der Hauptrichtung, d. h. in der Richtung der kontinuierlich gegen die Qiblawand hin laufenden Arkadenreihen, hält man sich an die *Rahmenstruktur*. Nur hier macht die Wand hinter der anstoßenden Bogenleibung einen Rücksprung und markiert die durchgehende Rahmenreihe.
Der obere, horizontale Wandstreifen ist nur an den Längsarkaden vorhanden; die Bogenwand der Querarkaden läuft bis zur Decke glatt, d. h. ohne Vorsprung. So wirken die Bogenwände in der Querrichtung wie hineingestellte Wandbretter mit eingeschnittenen Bogenöffnungen. Es ist sicher

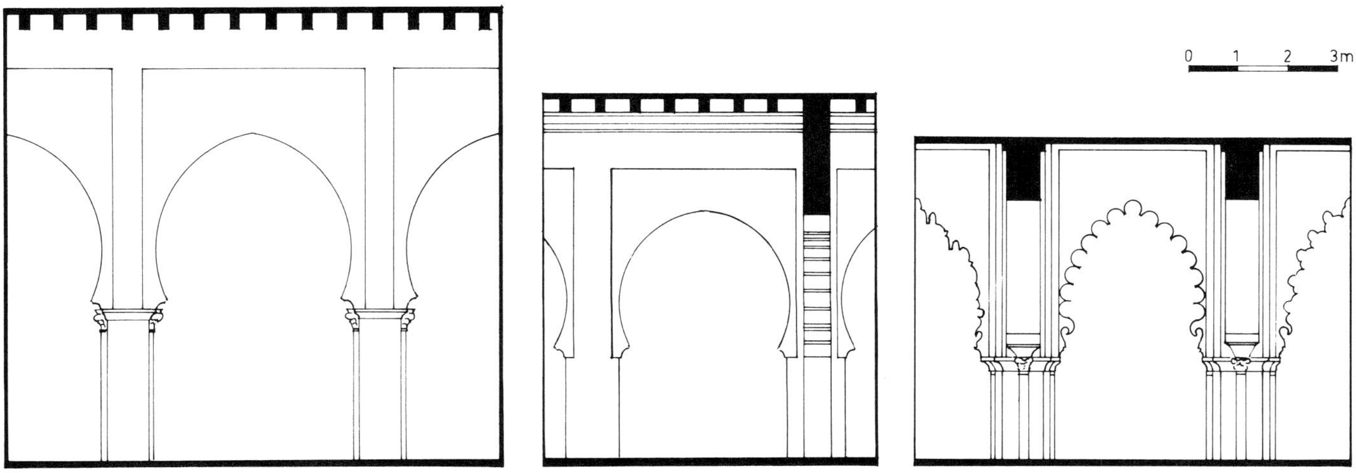

194. Die Tragewände von Algier, Qutbiya und Tinmal.

kein Zufall, daß bei den späteren Renovationen die Unterscheidung zwischen der Haupt- und Querreihe durch Hinzufügen des Vielpaßmotivs noch stärker unterstrichen wurde. Alle Querbogen erhielten nachträglich einen Vielpaßumriß, während der straffe Hufeisenumriß der längsgerichteten Bogen unangetastet blieb. Die Tragewände der Großen Moschee von Algier sind heute durchgehend weiß getüncht. Es ist anzunehmen, daß sie nie ornamentiert wurden. Glatte, weiß getünchte Wände waren in den almoravidischen und später in den almohadischen Moscheen üblich. Die einzige almoravidische Bethalle, deren Wände mit Stuckornament überdeckt wurde, ist die Große Moschee von Tlemcen. Hier bei diesem Beispiel einer ornamentierten Tragewand können wir wieder feststellen, wie die Rahmenstruktur mit Hilfe des Ornaments hervorgehoben wird. Besonders aufschlußreich ist die Art, wie die Stirnfläche der Bogen gestaltet wird. Der schmale Ornamentstreifen wird nach unten dünner, bis er ungefähr auf halber Höhe nur noch einen „Strich" bildet, sich dann aber wieder verbreitert und in Form eines Dreiecks endet. An den Stellen, wo die Stirnfläche sich zu einem „Strich" reduziert, tangiert die Bogenleibung den Pfeiler. Wie die Anordnung der Ornamentfelder im ganzen, so ist auch diese mondsichelförmige Stirnfläche der Bogen ein Zeichen dafür, daß hier mit allen Mitteln versucht wird, die konstruktive Bedeutung des Bogens zu verschleiern.

195. Marakesch, Bethalle der Qutbiya Moschee.

196. Marakesch, Bethalle der Qutbiya Moschee.

Die Moscheen der Almohaden

Die Almohaden übernahmen von den Almoraviden die Grundform der Moschee. Ihre Neugründungen sind ebenfalls Pfeilerhallen mit Seitentrakten und einem kleineren Innenhof. Die Tragewände der Moscheen haben die gleiche Rahmenstruktur wie die almoravidischen. Eine wichtige, eigenständige Leistung der Almohaden war hingegen die Einführung des *spitzen* Hufeisenbogens in die westarabische Architektur. Durch die steilere Proportion dieser neuen Bogenform und durch die Erfindung einiger dekorativer Einzelheiten, wie etwa des Lambrequin, gelang es den Almohaden, der Architektur ihrer Zeit eine eigene Prägung zu geben.
Die Almohaden gingen, was die Wanddekoration betrifft, zuerst strenger vor als die Almoraviden. Ihre Feindschaft gegen alles, was dem Auge oder Ohr Genüsse bereiten könnte, war bedingungslos. Es wird z. B. überliefert, daß Ibn Toumrad, der Gründer der Dynastie, alle Musikinstrumente im Land zerstören ließ[37]. So war auch die reine, weiß getünchte Wandfläche einer der Grundsätze ihrer Baukunst. Es trifft sicher zu, wenn Henri Terrasse, einer der besten Kenner der almohadischen Geschichte, dieses Geschlecht „die Iconoclasten des Islams" nennt[38] und die Schönheit der almohadischen Architektur in der „Reinheit der Linie" erkennen will. Vielleicht war es die Abneigung gegen das Flächenornament, die die Almohaden dazu führte, in der Gestaltung der Umrisse so phantasiereich zu sein. Sie erfanden zuerst den spitzen Hufeisenbogen, dann aber lösten sie diesen Umriß in sehr komplexe Linienornamente auf. Ausgehend vom Vielpaß und Lambrequin kamen sie auf zahllose Varianten von Kurbaturen.

197. Sevilla, Torbogen im Hof der vormaligen Großen Moschee.

198. Tinmal, Grabmoschee.

Qutbiya in Marakesch

Qutbiya, die Hauptmoschee von Marakesch, wurde bald nach der Einnahme der Stadt errichtet. Diese erste Moschee existiert heute nicht mehr. Sie hatte den gleichen Grundriß wie die 38 Jahre später errichtete zweite Bethalle. Von der ersten Bethalle steht nur noch die Qiblawand, während die zweite bis heute in ihrer ursprünglichen Form erhalten geblieben ist. Beim Bau der zweiten Moschee wurde der anfänglich gemachte Orientierungsfehler korrigiert. Die Qiblawand der alten Moschee bildet die Nordwand des Hofes der heutigen Moschee.
Auch hier besteht der Betraum aus drei Teilen: dem Haupttrakt und den beiden Seitenflügeln. Die Bethalle ist siebzehnschiffig, die Seitenflügel haben je vier Schiffe. Die Tragewände laufen senkrecht zur Qiblawand. Im Hauptraum haben sie sieben, an den Seiten vier Bogenstellungen. Sie stoßen nicht direkt an die Qiblawand, sondern enden bereits vorher bei einer der Qiblawand parallel laufenden Bogenwand. So entsteht vor der Qiblawand ein durchgehender, schmaler Raum, eine Art „Querschiff". Die flache Holzdecke dieses „Querschiffes" wird fünfmal von Gewölben unterbrochen: im Vormihrabraum, an den beiden Enden und beim vierten Schiff links und rechts. Die Bogenwände des Mittelschiffes sind in allen Jochen durch Querbogen verbunden und durchgehend überwölbt.
Die Arkaden, die die Südfassade des Hofes bilden, setzen sich in der Bethalle fort. Außer diesen und der Qiblawand parallel laufenden Bogenwänden hat die Bethalle von Qutbiya keine anderen Querarkaden. Die Pfeiler haben in der Mitte ihrer Innenfläche je eine Halbsäule. Die Halbsäulen haben konkave, trapezförmige Kämpfer, die unten reliefartig vorspringen und oben im Pfeilerkämpfer verschwinden. Die Form dieser „zusammenschmelzenden"

199., 200. Tinmal, Grabmoschee.

Pfeiler und Säulenkapitelle ist nicht immer die gleiche. Je nach Größe des Säulenkapitells erhalten diese aus Stuck ausgearbeiteten Teile eine kleine Modifikation. Die Halbsäulen mit ihren im Pfeilerkörper verschwindenden Kapitellen und Kämpfern fungieren hier als „Träger" der dünnen, scheibenartigen Bogenwand und betonen die Wirkung des Eingeklemmtseins noch stärker.

Die Art und Weise, in der die Säule hier in Erscheinung tritt, verstärkt unseren ersten, bereits in den almoravidischen Moscheen gewonnenen Eindruck: Der Bogen wirkt an diesen Tragewänden bloß wie eine in den Rahmen hineingeschobene Kulisse.

Bei den Bogen, die die Querarkaden mit der Qiblawand verbinden, wird eine neue Bogenform entwickelt. Die an sich ziemlich dünne Bogenwand löst sich – optisch – in drei verschiedene Schichten auf. Der Hufeisenumriß erhält auf beiden Seiten die Gestalt eines Lambrequins. Damit verliert der Bogen seine Spannung und verwandelt sich in eine Art von „Vorhang". Die mittlere „Schicht" der Bogenleibung wird nicht profiliert. Die beiden Stirnflächen sondern sich vom Bogenkörper ab und bilden zwei dünne Schichten von herabhängenden Lambrequins. Die Pfeilerinnenflächen dieser Bogen sind auch entsprechend gestaltet: Sie haben keine Halbsäule in der Mitte, sondern zwei Halbsäulen an den Kanten. Die dünnen Lambrequins enden direkt auf diesen Halbsäulen und bilden mit ihnen zusammen eine brettartige „Konstruktion", die die Wirkung einer Kulisse verstärkt.

Die Konstruktion der almohadischen Tragewände läßt sich in der Moschee von Tinmal sehr gut beobachten. Diese Moschee wurde im Jahr 1153 auf Geheiß des ersten Almohaden-Kalifen Abd-el-Moumin als Grabmoschee für Ibn Turmad errichtet. Die

201., 202. Tinmal, Grabmoschee, Details vom Mihrabbogen.

Für den Asketen und Kunstfeind Ibn Turmad, den Begründer der Almohaden-Dynastie, ließen seine Nachfolger 25 Jahre nach seinem Tod eine prunkvolle Grabmoschee bauen, die wider seinen Geist alle vorangehenden Moscheen der Almohaden übertrifft. Es herrscht hier eine geradezu barocke Überschwenglichkeit an Kurbaturen, Stalaktiten und üppigen Stuckornamenten. Verglichen zu Tinmal erscheint die nur wenige Jahre früher errichtete Bethalle von Kutbiya äußerst schlicht.

abgelegene Ortschaft Tinmal verlor nach dem Niedergang des almohadischen Kalifats ihre Anziehungskraft. Die Moschee wurde nicht mehr gepflegt und zerfiel im Laufe der Jahrhunderte. Doch das Wenige, das noch erhalten blieb, ist authentisch. Die Backsteinkonstruktionen lassen sich hier genau studieren, da der Verputz an vielen Stellen abgebröckelt ist. Die Moschee von Tinmal ist, verglichen mit den anderen almohadischen Moscheen (Qutbiya, Sevilla oder die Hassan-Moschee in Rabat), ein kleiner Bau. Sie ist nach dem Grundrißschema von Qutbiya angeordnet. Nur die Zahl der Schiffe und der Bogenstellungen ist kleiner.

Die Bethalle ist neunschiffig. Die Tragewände der Bethalle und der Seitenflügeln haben je vier Bogenstellungen. Ähnlich wie in Qutbiya enden die Bogenstellungen auch hier an einer der Qiblawand parallel laufenden Bogenwand. Vier Lambrequinbogen verbinden diese Wand mit der Qiblawand: zwei als Fortsetzung der Mittelschiffarkaden und je einer an den Ecken. Diese Grundrißanordnung ergibt in Tinmal sieben verschiedene Pfeilergrundrisse, die zum Teil asymmetrisch sind und sehr komplizierte Formen aufweisen.

Die Bogenwände sind durchgehend aus Backstein gebaut. Die Pfeiler setzen sich über die Kämpferhöhe weiter fort, die eigentliche Bogenwölbung beginnt erst einen Meter über dem Kämpfer. Der Bogen selbst hat eine Höhe von 0,80–1 Meter. Das statische Prinzip ist hier ungefähr dasselbe, das bereits in der Großen Moschee von Algier realisiert wurde. Die Bogen steifen einander gegenseitig aus und sind die eigentlichen Träger der Flachdecke. Der oben vorspringende Horizontalstreifen, der unter dem Verputz als Abschluß der Rahmenkonstruktion erscheint, wird in der Tat von den Bogen getragen. Vielpaß- und Lambrequinprofile der Bogen sind aus Stuck und sind nachträglich an die Bogenleibung befestigt worden. Die Bogen der Tragewände der Bethalle und der Seitenflügel haben einen spitzen Hufeisenumriß. Die Bogen der Querarkaden hingegen sind durchgehend mit verschiedenen Varianten von Vielpaß und Lambrequin versehen. Diese Profile hängen an den Stirnseiten der Bogen als ganz schmale „Scheiben" herab und verbinden sich durch volutenartige Profile mit den Halbsäulen, die an den inneren Kanten der Pfeiler eingemauert sind. Der Eindruck der eingeschobenen Kulisse ist besonders bei den Bogen der Querarkaden perfekt, da hier wegen der senkrecht anstoßenden Tragewände der Rahmen nicht voll in Erscheinung tritt. Durch die Vielfalt der Pfeiler-, Halbsäulen- und Kämpferkombinationen und des Ideenreichtums in der Gestaltung der Bogenprofile ist die Moschee von Tinmal der eigenständigste Bau der almohadischen Architektur.

203.

Die Hassan-Moschee in Rabat

Über die Tragewände dieses immensen Moscheenentwurfes (Bodenfläche 183 x 139,40 Meter) läßt sich wenig sagen, weil der Bau nicht fertig ausgeführt wurde. Die Frage, wie die Bethalle ausgesehen hätte, wenn sie vollendet worden wäre, muß offen bleiben, weil die heute nur aus Säulen bestehende „Ruine" nicht erraten läßt, ob überhaupt Bogen oder Gewölbe vorgesehen waren. Henri Terrasse bezeichnet diese Moschee als ein „Rätsel", das kaum zu lösen ist. Zahl und Anordnung der Säulen zeigen, daß hier eine einundzwanzigschiffige Bethalle geplant war. Die Stützen sind Trommelsäulen aus grau-violettem Marmor und haben ganz einfache, an romanische Bauten erinnernde Kapitellformen. Bei 8 Meter Säulenabstand hat die Bethalle eine Breite von etwa 140 Metern.

Die Säulenkonstellation ist fast quadratisch, d. h. die Abstände der Säulen sind in beiden Richtungen ungefähr gleich. Nur das Mittelschiff hat eine Breite von 10 Metern. Ob hier – wie in den anderen almohadischen Moscheen – auch Spitzbogenarkaden oder wie in Sousse II Kreuzgewölbe vorgesehen waren, läßt sich nicht feststellen, weil der Bau an keiner Stelle über die Säulenkapitelle hinauswuchs. Die

Säulen sind 6 Meter hoch; bei einem Säulenabstand von 8 Metern hätte eine Halle ohne Bogenstellungen sehr niedrig und unerträglich drückend gewirkt.
Die Ausgrabungen haben gezeigt[39], daß die Säulenreihen auf durchgehenden 1,20 Meter starken Grundmauern aufgestellt sind. Diese Fundamentmauern laufen in den beiden Richtungen und bilden unter dem Bodenbelag ein konstruktiv wohlüberlegtes Netz für den Oberbau. Weshalb die Bauarbeiten nach 2 Jahren plötzlich unterbrochen wurden, ist nicht überliefert.
Georges Marçais[40] vermutet angesichts dieses der islamischen Architektur so fremden Unternehmens, daß am Bau der Moschee christliche Arbeiter am Werk gewesen sein dürften. Da die Hassan-Moschee kurz nach dem almohadischen Sieg von Alarcos (1195) begonnen wurde, nimmt Marçais an, daß hier christliche Kriegsgefangene eingesetzt worden waren.
Sollte dies tatsächlich der Fall gewesen sein, so bleiben noch einige Fragen offen, die mir nicht unwesentlich zu sein scheinen: Wie konnten Kriegsgefangene ihren Willen durchsetzen und einen der landesüblichen Bautradition so entgegengesetzten Moscheentypus erzwingen? Zudem sind solche überdimensionierte Interkolumnien mit so niedrigen Säulen auch im christlichen Westen nirgends zu finden. Bemerkenswert ist, daß das Minarett der Moschee, das fast fertig ausgeführt wurde, der almohadischen Tradition vollkommen entspricht. Mit den Minaretten von Qutbiya und Sevilla ist der sog. Hassan-Turm in Rabat eines der bestgelungenen Bauwerke der almohadischen Architektur. Wie ist die Diskrepanz zu erklären zwischen der traditionstreuen Form des Minaretts und der ungewöhnlichen Erscheinung der geplanten Bethalle?
Es ist anzunehmen, daß die technischen Schwierigkeiten die Ursache waren, daß man die Moschee nicht vollendete. Die Materialbeschaffung für Überwölbung von etwa 700 Bogen von 8 Metern Spannweite war gewiß kein leichtes Unterfangen. Auch später unternahm man keinerlei Versuche, den Bau zu Ende zu führen.

203., 204. Rabat, Hassan Moschee.

IV.
RÜCKBLICK

205., 206. Tinmal Grabmoschee.

Konstruktion und Erscheinungsform

Versucht man, die Tragewände der in den vorangehenden Abschnitten besprochenen Moscheen in Typen einzuordnen, so kristallisieren sich sechs verschiedene Konstruktionsarten heraus: drei für die Säulen und drei für die Pfeilerwände. Ich möchte diese verschiedenen Formen der Tragewandkonstruktionen allerdings nicht als „Typen" bezeichnen, da nur einige von ihnen (Kairuan, Algier und im kleineren Rahmen Ibn-Tulun) Typen gebildet haben, während die anderen einmalige Erscheinungen waren und ohne Folgen geblieben sind: so Damaskus, Cordoba und Sousse. Das soll jedoch nicht heißen, daß diese Moscheen keine Auswirkung gehabt hätten. Im Gegenteil, vielleicht gerade darum, weil sie nicht zu Prototypen wurden, waren ihre Ausstrahlung größer und ihre anregenden Einflüsse stärker, so vor allem diejenigen der Tragesysteme von Cordoba. Besonders die sich kreuzenden Bogen von Cordoba haben im Laufe des Mittelalters sowohl für die islamische, als auch für die christliche Architektur – besonders auf dekorativer Ebene – als Inspirationsquelle gedient. Diese Frage wird der Gegenstand des folgenden Abschnitts sein.

Die Arkadenwände von Damaskus, Cordoba und Kairuan haben nichts anderes gemeinsam, als daß sie frei im Raume stehende *Säulen*wände sind. Die Tragewände von Damaskus und Kairuan – die ersteren doppel-, die letzteren eingeschossig – sind im Prinzip abgewandelte Formen der seit der Spätantike im Mittelmeerraum beheimateten Säulenarkaden. Die Konstruktion und Statik lassen sich von ihrer Form her leicht ablesen: *Form und statische Funktion der einzelnen Elemente sind an diesen Bogenwänden kongruent.*

207. Bogen im Palastbezirk von Alhambra.

Der ruinenhafte Zustand der Moschee von Tinmal bietet eine einmalige Gelegenheit, die Konstruktions- und Dekorationsmethoden der Almohaden genauer zu studieren. Die zerbröckelnden Stellen zeigen, daß die Stalaktitendecken, Halbsäulen, Voluten und sämtliche Bogenprofile aus Stuck verarbeitet sind. Hier und dort tritt ein Stück des Mauerwerks in Erscheinung. An diesen Stellen kann man gut beobachten, wie die aus Backstein gemauerten Pfeiler und Bogen konstruiert sind. Die einfachen Spitzbogenarkaden dienen als „Gestelle" für phantasievolle Stuckdekorationen (Abb. 199–201).

Zwischen Kapitell und Bogenanfänger eingeschobene Holzplatten bei der Konstruktion von Arkadenwänden sind eine sehr alte islamische Tradition (die alte Amr-Moschee in Kairo, die Bethalle von Kairuan u. a.). In den fatimidischen Moscheen in Kairo erfuhr das Holz als „begleitendes" Baumaterial eine Aufwertung. Geschnitzte Anker aus Holz dienen hier als Aussteife-Elemente und bieten zugleich eine schöne Ergänzung zu den ebenfalls reich ornamentierten hölzernen Kämpferplatten (Abb. 209).

Auch in den almohadischen Moscheen werden zwischen dem Pfeiler und dem Bogenansatz Holzplatten eingeschoben. Doch sie bleiben wie die Backsteinmauer hinter dem Putz versteckt. Eine weitere Moscheenruine bei Rabat zeigt dieselbe Konstruktionsart (Abb. 210, 211).

Ein zerstörter Bogen im Palastbezirk der Alhambra legt die Konstruktionsweise der spätarabischen Bogen bloß: Hier gibt es keinerlei Kongruenz mehr zwischen Konstruktion, Erscheinungsform und Material (Abb. 207).

208. Tinmal, Grabmoschee.

209. Kairo, Talaï Moschee.

Wenn auch in den großen Bethallen die Säule durch die „endlose" Wiederholung ihre dominierende Bedeutung als Vertikale verliert, bleibt doch ihre Funktion als Stütze eindeutig sichtbar. Die Gleichgewichtsverhältnisse zwischen Stütze und Last bleiben unangetastet.

Erst in Cordoba wird eine neuartige Struktur für Tragewände geschaffen, in welchem sich die Gewichtsverteilung zwischen Stütze und Last in ein komplexes Kräftespiel verwandelt. Komplex ist es deshalb, weil sich *Form und Konstruktion nicht mehr decken.* Die Verzahnung zweier Tragesysteme führt dazu, daß auch die statischen Verhältnisse auf mehrere Arten lesbar werden. Dieses Phänomen verdeckt die eigentliche Konstruktion. Die Form wird zur *Erscheinungsform,* hinter der sich ein nicht mehr mit Eindeutigkeit zu erfassendes Konstruktionsprinzip verbirgt.

Ist diese Mehrdeutigkeit der Erscheinungsform ein Symptom für eine neue Architekturauffassung? Sie tritt zum ersten Mal an einem Bau auf, bei dem eine *erste* eigenständige Konzeption der Tragewand realisiert wird. Ist das ein Anzeichen dafür, daß in der islamischen Architektur die tektonische Realität von nun an verschleiert werden wird? Die Betrachtungen der Pfeilermoscheen haben gezeigt, daß dies tatsächlich immer wieder auf eine neue Art versucht wurde.

In Sousse erscheinen die Pfeiler und Gewölbe als *Durchdringung* zweier Systeme, die sich senkrecht überschneiden. In der Tulun-Moschee wird das Archivolte/Architrav-Motiv in das einfache Pfeiler-Bogensystem *hineingeblendet.* Konstruktion und Erscheinungsform stimmen in beiden Fällen nicht völlig überein. Die Gestalt der Tragewand ermöglicht nun verschiedene Lesearten der tektonischen Bezüge. Ein Auseinanderklaffen von Konstruktion und Erscheinungsform findet im eigentlichen Sinne erst bei den almoravidischen und almohadischen Tragewänden statt. Zwischen den Rahmen eingeklemmt, erscheint der Bogen nur noch als ein dekoratives Motiv und zwar als „Vorhang".

210.

210., 211. Ruine einer kleinen Moschee bei Rabat.

211.

Material und Oberflächenstruktur

Die Säulenmoscheen sind in der Regel Steinbauten. Bogenwände aus Backstein werden selten mit Säulen kombiniert. Die Bib-Mardun-Moschee in Toledo bildet eine der wenigen Ausnahmen. Die aus regelmäßigen Steinquadern gewölbten Bogen und das Mauerwerk treten in den früharabischen Moscheen *unverputzt* in Erscheinung: in Cordoba, in Kairuan und auch in den nicht mit Mosaik verkleideten Partien der Großen Moschee von Damaskus.

In Kairuan und Amr werden zwischen Kapitell und Kämpfer Holzplatten eingeschoben. In der alten Amr-Moschee waren auch die Anker aus Holz. In Kairuan bilden Holzkonsolen einen wesentlichen Bestandteil der an sich spärlichen Dekoration. In Kairo, zur Zeit der Fatimiden, wird das Holz auch ästhetisch aufgewertet. Holzgeschnitzte Friese, Kämpfer und Konsolen bereichern die einfache Gestalt der Bogenwände. Auch Holzanker mit reichen Schnitzereien sind in den Moscheen von Kairo häufig anzutreffen (Al Azhar, Talâi usf.).

In Kairuan tritt das Ornament nur im Zusammenhang mit den konstruktiven Elementen in Erscheinung, nämlich an den Konsolen und als schmale Friese an den Säulenansätzen. Marmor, Stein und Holz bilden zusammen ein Ganzes, in dem jedes von ihnen eine andere konstruktive Funktion erfüllt.

Das Baumaterial tritt auch in den Bethallen von Cordoba offen zutage. Nur der Maksura-Bereich (Ende des 10. Jahrhunderts) ist mit Stuckornament ausgeschmückt: Rippenkuppel und Mihrabwand werden mit Mosaik verkleidet, die Oberfläche der Tragewände mit Stuck überzogen. Die eigentliche Struktur der sich kreuzenden Bogen wird vom Stuck verdeckt, und fingierte Bogenstrukturen werden nachträglich reliefartig aus der Stuckfläche herausmodelliert.

Die doppelgeschossigen Bogenwände der Bethalle sind hingegen frei von jeglichem Ornament. Einzig die Konsolen, die den Übergang zwischen der Säule und dem Pfeiler bilden, zeigen ornamentale Formen, die – wie ich im vorletzten Abschnitt zu beschreiben versuchte – ihrer konstruktiven Aufgabe völlig angepaßt sind. Erst durch die Vermittlung der Konsolen fügen sich die Säulen- und Pfeilerarkaden zu einem einheitlichen System zusammen. Durch die Gestalt der Konsole wird die Erscheinungsform der Tragewand vollendet.

So wie sich in Cordoba zwei verschiedene Arkadensysteme durchdringen, so fügen sich auch zwei verschiedene Materialien zu einer Symbiose: *Stein und Backstein.* Stein ist hier das eigentliche Baumaterial, er wird jedoch vom Backstein sekundiert.

Daß die Rolle der Backsteinvorlagen an den Bogen von Cordoba weit über das Dekorative hinausreicht, habe ich bereits erwähnt. Die Mehrdeutigkeit der statischen Bezüge, die Spannung zwischen der Konstruktion und der Erscheinungsform, wird eigentlich erst durch die Idee, die Bogen allein als „gestreifte“, zweifarbige Elemente hervorzuheben, vollkommen erreicht. Farbenwechsel bedeutet in diesem Zusammenhang mehr als eine Bereicherung oder ein bloßes Durchbrechen der Monotonie. Er ermöglicht die Kontinuität der zweifachen Wellenbewegung im Raum, steigert zugleich den Eindruck, daß die Hufeisen intakte Arkadenreihen bilden, die sich durch die Pfeiler „hindurch“ fortsetzen. Durch Farbenwechsel wird auch die Tiefenwirkung in der Querrichtung erhöht. Das Hintereinander der gestreiften Bogenkörper betont die Züge in der Querrichtung, zugleich aber erzeugt es optisch eine gegenteilige Wirkung: Es verbindet nämlich die hintereinander sich öffnenden „Bogenfächer“ auf einer fiktiven Ebene zu einem farbigen Muster. Erst in der Symbiose von Stein und Backstein zu einem durchgehenden Streifenmuster kommt die Eigenart dieser Tragewände voll zum Ausdruck.

Die Abdeckung der Wand durch Verputz beginnt in der arabischen Architektur im Zusammenhang mit der Verwendung von Lehmziegeln oder von Backstein als Baumaterial. Die Backsteinmoscheen sind vorwiegend Pfeilerbauten. Eine Unterscheidung zwischen Stütze und Last ist in den Säulenmoscheen vom Material her bedingt. In den durchgehend aus gleichem Material gebauten Pfeilermoscheen löst sich dieses Problem von selbst: Der Gegensatz zwischen Stütze und Last *kann* hier zwar architektonisch zum Ausdruck gebracht werden, *muß* es aber nicht. Das naheliegendste Mittel zu totaler Aufhebung des Stütze-Last-Konflikts ist das Überdecken des Mauerwerks mit Verputz. Hinter der neutralen Putzfläche verschwinden die Fugen und mit ihnen die Bedeutung der eigentlichen Konstruktionselemente. Was sichtbar bleibt, sind nur noch die Umrisse bzw. die *Kanten.*

Ibn-Tulun ist die früheste unter den erhaltenen Pfeilermoscheen. Pfeiler und Bogen sind hier vollständig mit Stuck überzogen. Mit Hilfe des Flächenornaments wird hier die schwerfällige Statik der Tragewände „aktiviert". Der Aufbau der Bogenwände und die Gestaltung ihrer Oberfläche durch das Ornament entsprechen sich. Diese Entsprechung wirkt hier gut ausgewogen, weil die Dekoration den Spuren der Konstruktion folgt. Stuck erscheint an diesem Bau stellvertretend für das Baumaterial. Der Charakter des Baumaterials bleibt verborgen. Durch Stuckverkleidung wird vorab die Dynamik „neutralisiert" und damit die Möglichkeit geschaffen, eine beschwingtere Struktur auf die Fläche zu zeichnen bzw. einzugravieren.

Im Zusammenhang mit den almoravidischen und almohadischen Moscheen habe ich zu zeigen versucht, daß hier die Erscheinungsform eine dem konstruktiven Aufbau *widersprechende Struktur vortäuscht.* Die Stukkaturen dienen – wo immer sie in Erscheinung treten – zur Verhüllung des eigentlichen Materials und der tektonischen Wirklichkeit. Aus Stuck werden Halbsäulen, Kämpfer und Konsolen modelliert, aus Stuck werden Bogenprofile geschnitten. Die Stuckfläche erscheint hier nicht als eine neutrale, passive Ebene für die ornamentale Ausschmückung, sondern sie wird gleichsam als Baumaterial verwendet. Der leicht zu formende Stuck bietet unzählige Spielformen für die Gestaltung der Oberfläche.

212., 213., 214. Cordoba, Große Moschee.

215. Fes, Qarayivin Moschee.

216. Kairuan, Große Moschee.

Die Bogenwände und das Licht

Die arabische Bethalle wird, nach welcher Art auch immer ihre Tragewände konstruiert sind, *nur von einer Seite* her – vom Hof – beleuchtet. Das Licht fällt durch die Hofarkaden direkt auf den Boden der Bethalle ein. Die Decke und die Qiblawand bleiben im Schatten. In der Regel erhebt sich über dem Vormihrabraum eine Kuppel. Dieser Raum wird durch kleine Fenster am Kuppelansatz beleuchtet. Das Oberlicht bleibt jedoch in diesem Raum eingefangen. Es kann sich nicht der Qiblawand entlang ausbreiten, weil der Vormihrabraum vom Mittelschiff und von den seitlichen Schiffen durch Bogenwände getrennt ist. Diese brechen das Licht und reflektieren es auf die Mihrabwand und den Boden. Von der Bethalle aus gesehen, erscheinen die Bogenwände, die den Vormihrabraum umgeben, im Gegenlicht. In Cordoba beispielsweise, wo die kuppeltragenden Wände als sich kreuzende Bogen gestaltet sind, wirken sie von der Bethalle aus silhouettenhaft. Die Funktion der kleinen Fenster an der Kuppel erschöpft sich im Beleuchten des Vormihrabraumes, hauptsächlich der Mihrabnische, die sich durch ihre besondere Ausschmückung von ihrer Umgebung abhebt. Die Mihrabwand von Kairuan ist z. B. mit farbigen Lüsterfliesen geschmückt, in Cordoba ist sie mit Goldmosaik überzogen. In beiden Fällen sind es Materialien, die schon ein Lichtschimmer aufleuchten läßt. Da die Kuppelfenster von der Bethalle aus unsichtbar bleiben, scheinen die Mihrabwände von Cordoba und Kairuan aus sich heraus zu leuchten.

Die einseitige Lichtführung macht das Wechselspiel der Licht- und Schattenverhältnisse im Raum unmöglich. Das durch die Hofarkaden einfallende Licht bleibt auch deshalb unveränderlich, weil sich die Höfe immer an den Nordseiten der Bethallen befinden. Die arabischen Bethallen sind durchwegs nach Süden – die in Maghrib nach Südosten – orientiert. Mit dem Wechsel des Sonnenstandes geschieht keine Verschiebung des Lichteinfalls. Je nach der Tageszeit ist die Beleuchtung schwächer oder stärker, jedoch nicht grundsätzlich anders. Darin zeigt sich ein wesentlicher Unterschied zur Lichtführung in der christlichen Basilika: Als ost-westgerichtete Räume

mit Obergadenfenster an den Nord- und Südwänden ereignet sich dort ein ständiger Lichtwechsel.
Auch die Verteilung des Raumes in Hell- und Dunkelzonen bleibt in der arabischen Bethalle konstant. Je nachdem, ob man sich in der Nähe der Hofarkaden oder der Qiblawand aufhält, steigert oder vermindert sich die Helligkeit.
In den Bethallen mit senkrecht zur Qiblawand sich richtenden Arkaden (Cordoba, Kairuan, Sousse) gleitet das Licht den Tragewänden entlang. Bogenwand und Außenflächen der Stützen bleiben im Schatten. Hier fällt das Licht senkrecht auf die Bogenleibungen. Diese konkaven Flächen fangen das Licht ab und reflektieren es auf den Boden zurück. Die hellbeleuchteten Hälften der Bogenleibungen treten wie Mondsicheln aus dem Halbdunkel hervor. In den Bethallen mit parallel zur Qiblawand laufenden Bogenstellungen ist das Gegenteil der Fall: Hier sind die Bogenwände hell beleuchtet, während die Bogenleibungen im Schatten bleiben. Die Innenflächen der Bogen erscheinen dann als eine Folge von dunklen, sichelförmigen Scheiben (Damaskus, Ibn-Tulun, Al-Azhar).
Ob die Träger der Bogenwand aus Säulen *oder* Pfeilern bestehen, macht einen wesentlichen Unterschied in der Raum- und Lichtwirkung aus. In den Säulenhallen wird nur ein schmaler Streifen am Säulenschaft beleuchtet, links und rechts gleitet das Licht über den Säulenschaft hinweg, die seitlichen Flächen der beleuchteten Säulenhälfte verschwinden sukzessive im Schatten.
Der Pfeiler hingegen mit seiner rechteckigen Form spiegelt das Licht auf eine völlig andere Art. In welcher Richtung auch immer die Bogenwände laufen, das Licht fällt konstant auf die Nordseite des Pfeilers. Die Süd-, Ost- und Westseiten bleiben ganz im Schatten. Verglichen mit einem Säulenschaft erreicht die Pfeilerfläche einen viel intensiveren Helligkeitsgrad.
Die rechteckige Form des Pfeilers einerseits und die konstant einseitige Beleuchtung anderseits erzeugen scharfe Kanten. Die Betonung der Kanten als Grenzlinien zwischen den dunklen und hellen Flächen in den Pfeilerhallen blockiert den Lichtfluß; dadurch wird auch der Raumfluß „gestaut". Die Erscheinung der Pfeiler als scharfkantige Volumen verwandelt den Raum in Fluchten von „Zwischenräumen".
In der Tulun-Moschee mildern die Ecksäulen den Lichtübergang. In der Bethalle der Großen Moschee von Sousse erzeugt die komplexe Gestalt der aus Stein gemauerten Pfeiler eine gewisse Dynamik der Umrisse. In den almoravidischen und almohadischen Moscheen hingegen steigert die alles vereinheitlichende weiße Farbe die Licht- und Schattengegensätze. Hier erreichen die *Kanten* ihre höchste Wirkung. Hellbeleuchtete und dunkle Flächen fügen sich zu volumenhaften Gebilden, die zwar raumverdrängend sind, zugleich aber schwerelos wirken. Nicht die Baukörper, sondern die *Grenzlinien* der hellen und dunklen Flächen bestimmen das Raumbild. Besonders an den Übergangszonen zwischen der Bethalle und den Seitenflügeln entstehen komplizierte Bogenkonstellationen und damit überraschende Überschneidungen von Bogen- und Pfeilerkanten. In diesen weißgetünchten Hallen erzeugt das Licht reine „Schwarz-Weiß-Bilder" im Gegensatz etwa zur Bethalle von Cordoba, wo der Halbschatten vorherrscht und subtile Hell-Dunkel-Übergänge den Raum in einer ständigen Vibration halten (vgl. Abb. 195, 196).
Die wohlberechnete Instrumentierung der Licht- und Schattengegensätze als raumgestalterische Mittel ist ein charakteristisches Merkmal der almoravidischen und almohadischen Architektur. Mit dem Entwurf der Rahmenstruktur zusammen ist sie auch der eigentliche Beitrag dieser Berberstämme zur Geschichte des arabischen Moscheenbaus.
Architekturgeschichtlich ist es ein merkwürdiger Widerspruch, daß die *weiße, „puristische" Architektur* der Almoraviden ungefähr zur gleichen Zeit ihren Anfang nahm, als im Osten die mit bunten Fayencen bekleideten Moscheenhöfe unter der Herrschaft der Seldschuken ganz „Farbe" wurden. Andererseits ist es eine eigenartige Koinzidenz, daß diese beiden gegensätzlichen Architekturkonzeptionen durch eine maximale „Einsetzung" des Lichtes ihre Vollendung erreichten.

V.
INFILTRATIONEN

217. Zaragossa, Aljaferia. Bogenwand in der Palasthalle.

218. Rabat, der sog. Hassan Turm, das Minarett der Hassan Moschee.

1. Das Weiterleben der Cordobeser und almohadischen Strukturen im arabischen Spätmittelalter

Rückblickend auf die Geschichte der arabischen Tragewände drängen sich zwei Fragen auf, die ich abschließend kurz erörtern möchte:

1. Wie haben die beschriebenen Wandsysteme sich im arabischen Spätmittelalter weiterentwickelt?
2. Wie weit haben sie auf die verschiedenen Architekturlandschaften des christlichen Westens inspirierend gewirkt?

Nach dem Zusammenbruch des almohadischen Reiches (1223) zerfiel das islamische Spanien in mehrere kleinere Fürstentümer. Der Verlust der politischen Macht wirkte sich aber auf die Bautätigkeit keineswegs hemmend aus. Bethallen vom Ausmaß von Qutbiya oder Sevilla wurden allerdings nicht mehr errichtet. Im Laufe des 13. Jahrhunderts entfaltete sich jedoch eine höchst raffinierte Palastarchitektur. Unter den verschiedenen islamischen Fürstentümern gelang es Nasiriden – die sich bereits bei der Gründung ihres Reiches als Vasallen Kastilien unterworfen hatten –, die anderen zu überleben und ihre Regionalmacht fortzusetzen. In dem unter ihrer Herrschaft errichteten Palast Alhambra entfaltete sich ein neuer Architekturstil. Architektur und Dekoration schmolzen in diesem Bau zu einer unzertrennlichen Einheit zusammen. Auch verschiedene Materialien und Techniken fanden hier eine eigenartige Synthese: Holz- und Stuckornament, Marmor und Fayencenplatten überziehen Wände und Kuppeln der Räume. Das eigentliche Baumaterial und die konstruktiven Strukturen bleiben hinter diesen kostbaren Flächenbekleidungen völlig verborgen. Eigenschaften wie Festigkeit, Stabilität oder Dauerhaftigkeit spielen keine Rolle mehr. Es ist, als ob sich die Aufgabe der Architektur im rein optischen Genuß erschöpfen würde.

In diesem neuen Architekturkonzept erhalten auch die Bogenwände eine höchst eigentümliche Gestalt. Im Prinzip haben alle Formen und Strukturen, die

219., 220. Rabat, Fassadendetails vom Hassan Turm.

hier in Erscheinung treten, ihren Ursprung in den Wandsystemen von Cordoba und in den Bogenwänden der almohadischen Moscheen. Doch können wir sie weder als eine Weiterentwicklung der Cordobeser noch als eine verspieltere Form der almohadischen Wandsysteme bezeichnen. Architektonische Strukturen, wie etwa die sich kreuzenden Bogen von Cordoba oder die eingerahmten Bogen der almohadischen Bethallen, werden hier auf die Ebene des *Dekorativen* übertragen. Von ihrer architektonischen „Realität" losgelöst, werden sie bis zur Unkenntlichkeit abgewandelt und auf eine sehr raffinierte Art miteinander verflochten. Die Synthese, die daraus entsteht, ergibt ein völlig neues Architekturbild. Die Verwandtschaft mit den Herkunftsmotiven ist bei dieser Synthese nicht mehr unmittelbar, d.h. rein von der Anschauung her, assoziierbar. Nur wer die Entwicklungsgeschichte der Cordobeser und der almohadischen Bogensysteme überblickt, kann nach einer genaueren Analyse der Formen die Zusammenhänge erkennen. Zudem wird auch ein der westislamischen Architektur wesensfremdes Element, nämlich der Stalaktit, in das neue Formgefüge integriert und erhält einen wichtigen Stellenwert.

Im folgenden möchte ich versuchen, diese oben erwähnten Faktoren, die den Charakter der Bogenwände von Alhambra bestimmen, zu beschreiben.

Die Ausstrahlung von Cordoba

Die Bogenwände vom Myrtenhof haben sehr schlanke monolithe Marmorsäulen. Sie tragen über den Kapitellen schwere, würfelförmige Säulenaufsätze, dies aber nur dem Scheine nach. Denn was hier durch Oberflächengliederung als Säulenaufsatz figuriert, ist eigentlich nichts anderes als der Anfang des Pfeilers, der sich oben mit den gleichartig ornamentierten Balken verbindet. Die Reihe der Pfeiler und die oben ohne Unterbrechung durchlaufenden

Balken bilden zusammen den Rahmen für die Bogenwände. Die Wandfläche innerhalb dieses Rahmens setzt sich aus zwei in Stuckgeflecht sich auflösenden, durchsichtigen Flächen zusammen, deren Grundmuster von einem Netz der sich kreuzenden Vielpaßbogen besteht. Die Bogenleibungen sind auf einen schmalen Vielpaßrahmen reduziert, der in Stalaktitenkonsolen endet. Konstruktiv gesehen, sind die Bogenwände selbsttragend, d. h. sie sind in den Rahmen „hineingehängt". Die Idee des Vielpasses und der sich kreuzenden Bogen geht auf Cordoba zurück, doch erscheinen sie hier in einem neuen Zusammenhang: Sie sind im Maßstab *verkleinert* und zahlenmäßig *vervielfacht*.

So stehen sie zum architektonischen Rahmen, in den sie eingespannt sind, in einem ungleichmäßigen Verhältnis. Die Proportionen der Säulen und des Rahmens, den sie tragen, gehören zu einer Architektur, die nach Menschenmaß konzipiert ist. Die Vielpaßform und die sich kreuzenden Bogen verlieren hingegen durch Verkleinerung und Vervielfachung ihre architektonische Realität und figurieren nur noch als Ornament.

Die ursprüngliche Bedeutung des Vielpasses, wie er an den Bogenwänden der Maksura in Cordoba auftrat, war eine rein architektonische: In dieser Form kam nämlich die Kondensierung der horizontalen Dimension zum Ausdruck (vgl. Abschnitt III, S. 95/96).

Weder in Cordoba selbst noch in dem 200 Jahre später gebauten Palast Aljaferia in Zaragossa z. B. überschreiten die Bogenpässe die Zahl fünf. Dabei bleibt die „Kondensierung" der horizontalen Dimension im Bereich des visuell Erfaßbaren (vgl. S. 95). In den Bogen der Alhambra hingegen ist das Vielpaßmotiv aus zahllosen winzigen Halbkreisbogen zusammengefügt. Ursprünglich war die architektonische Funktion der sich kreuzenden Bogen in Cordoba die Verstrebung der Bogenwand. In der Alhambra hat sich die gleiche Struktur in ein Gitter aus Stuck verwandelt und erscheint wie ein „gehäkeltes" Netz. Diese anfänglich in einem architektonischen Zusammenhang konzipierten und in den Maßstäben der realen Architektur verwirklichten Formen werden in der Alhambra ins „Miniaturhafte" übertragen. Sie wirken als reine Dekoration, weil der Zusammenhang zwischen ihnen und dem architektonischen Rahmen nicht mehr zwingend, d. h. funktionsbedingt, sondern nur noch willkürlich ist und beliebig variiert werden kann.

Die verschiedenen Strukturen, die einige Jahre später an den Bogenwänden des Löwenhofes realisiert werden, zeugen von dieser Variabilität. Besonders komplexe Strukturen findet man an den Fronten der vorspringenden Pavillons an den beiden Schmalseiten des Hofes. Im Rechteck geordnete Gruppen von vier schlanken Säulen mit zusammengewachsenem Kapitell und Kämpfer bilden die Eckstützen. Sie tragen einen Rahmen, dessen äußere Ränder mit einem Ornamentstreifen ausgeschmückt sind. In diesem Rahmen „hängt" die in ein Netzgeflecht verwandelte Bogenwand. Die Bogen sind nicht wie sonst von einem Vielpaßrahmen eingefaßt, sondern sie sind in Stalaktiten-Körperchen aufgelöst.

Da sie keine festen Umrisse haben, wirken sie nicht gespannt und tragend, sondern hängend. Diese Wirkung entspricht auch der konstruktiven Realität. Die beiden mittleren Säulen, die die Stalaktiten-Bogen tragen, haben als Stütze nicht die gleichwertige Funktion wie die Gruppe der Ecksäulen. Ihre Bedeutung als Stütze ist sekundär, weil sie nur der Last der vorhangartig herabhängenden Bogenwand entgegenkommen.

221.

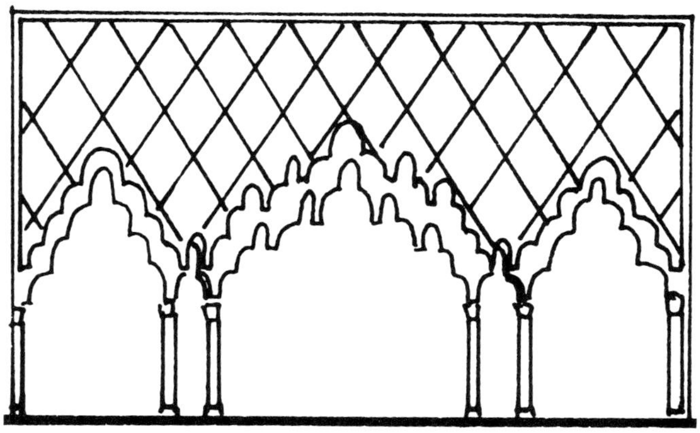

222.

221., 222. Alhambra, Fassade des vorspringenden Pavillons im Löwenhof.

Die Höfe der Alhambra sind von Arkaden umgeben, die sehr steile Proportionen haben. Die hohen, ungewöhnlich schlanken Säulen tragen die Bogen nicht direkt, über den Säulen erheben sich Pfeiler mit Ecksäulen, es ist, als ob eine almohadische Tragewand über die Säulen gestellt worden wäre. Dieser obere Teil der Alhambra-Arkaden zeigt eine große Ähnlichkeit mit den Bogenwänden von Tinmal.

223. Tinmal, Arkadenwand der Grabmoschee.

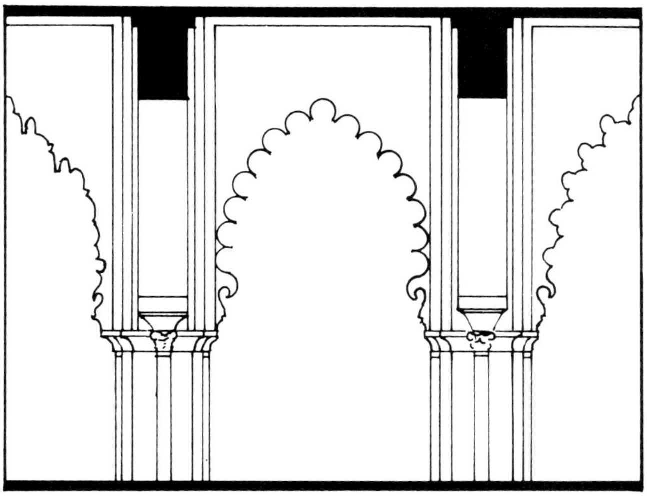

Die almohadische Komponente

Diese dreigliedrige Bogenwand, die eingerahmt und auf Säulen gestellt wie ein Vorhang erscheint, ist für sich betrachtet eine genaue Wiederholung einer spätalmohadischen Pfeilerwand: Stellt man sich die drei Bogen ohne Säulen, d. h. direkt auf den Boden gestellt vor, so ergibt sich ein Bild ähnlich den Bogenwänden von Tinmal. Durch das Aufstellen eines proportional perfekten almohadischen Pfeilersystems über schlanken Säulen entstehen sehr steile, für die islamische Architektur ungewöhnliche Proportionen. Diese Wand kann sich deshalb aufrecht erhalten, weil die Bogen keinerlei Tragefunktion mehr haben. In diesem Punkt eben unterscheiden sich die Bogenwände der Alhambra von ihren almohadischen Vorbildern. Die almohadischen Bogen sind in der Tat Träger der Wand bzw. der Decke. Die Rahmenstruktur ist hier nur als *Oberflächengestaltung vorgetäuscht.* In der Alhambra aber ist der Rahmen nicht bloß eine optische Täuschung, sondern er entspricht tatsächlich der konstruktiven Realität. Deshalb entstand hier bei diesen ungewöhnlich hohen, aus Säule und Pfeiler sich zusammensetzenden Stützen keine ernsthafte Knickgefahr, und man kam ohne Aussteifeelemente aus. Die Anker an einigen Bogen sind später hinzugefügte Sicherheitsmaßnahmen.

224. Alhambra, Pavillon im Löwenhof.

225. Alhambra, Detail der Arkadenwand.

Der Stalaktit

Neben der farbigen Fayencenbekleidung an den Innenwänden der Säle sind die Stalaktiten das Wesentlichste, was von der ostislamischen Architektur übernommen wurde. Der Ursprung der Stalaktiten wird sowohl in der indischen Holzarchitektur wie auch in den Ecknischen – Trompen – der altpersischen Kuppelbauten vermutet. Wo und in welcher Technik dieses Architekturmotiv auch entstanden sein mag, es beansprucht in der ostislamischen (seldschukischen und persischen) Architektur von Anfang an eine strukturbestimmende Bedeutung. Ob in Holz, Backstein oder Stuck ausgeführt, es hat, wo immer es auch auftritt, *überleitende* Funktion. Die dreidimensionale, kantige Gestalt der einzelnen Zellen oder Partikeln ermöglicht den *Übergang zwischen verschiedenen Ebenen.* Als ein Gefüge von kleinen, konsolenartig vorkragenden Nischen, die übereinandergeschichtet werden, bilden Stalaktiten den Übergang von Wänden zur Kuppel oder zur Halbkuppel. So z. B. bei den Portalen, Ivanen und den Mihrabnischen.

Dieses seinem Wesen nach raumhaltige, in der Tiefendimension Verbindung schaffende Element erhält in der Alhambra – ähnlich wie die sich kreuzenden Bogen – eine rein dekorative Funktion. In den Wölbungen der seldschukischen Ivane bilden beispielsweise die Überschneidungen der übereinander sich reihenden Trompen ein „Netz", bestehend aus scharfen Kanten. Der Übergang vom Rechteck zum Kreis kommt primär in diesem sich zwischen den verschiedenen Ebenen straff spannenden „Kantennetz" zum Ausdruck. Gerade diese vermittelnde, „räumliche" Funktion des Stalaktitengefüges wird an den Wänden der Alhambra beseitigt oder „bagatellisiert". Der räumliche Zusammenhang wird in ein kulissenhaftes Hintereinander von Schichten aufgelöst.

Es ist hier nicht meine Aufgabe, die verschiedenen Stalaktitenkuppeln zu untersuchen. Ich möchte mich, was die räumlichen Zusammenhänge betrifft, mit diesem kurzen Hinweis begnügen und mich nur auf die Rolle der Stalaktiten beschränken, die ihnen an den Bogenwänden zukommt.

Bezeichnend für die Auffassung vom Stalaktit in der Alhambra ist es, daß dieses Motiv nicht an den Kapitellen angewendet wird. Es wird also nicht in das Konstruktionssystem eingegliedert. In den Jahren, in denen die Alhambra gebaut wurde, waren in Kleinasien verschiedene Formen von Stalaktitengefügen zur führenden Kapitellform geworden. Die Wahl dieser Form für die Gestalt eines strukturellen Elements, das zwischen Stütze und Last vermittelt, war sicher kein Zufall. Denn der Stalaktit ist seiner physikalischen Natur nach die versteinerte Form einer tropfenden Flüssigkeit. Er entsteht dadurch, daß sich das tropfende Gehänge, bevor es sich von der Gesamtmasse loslöst, verfestigt und hängenbleibt – ein versteinertes Gebilde also, das durch „Gefrieren" vom Gesetz der Schwerkraft befreit zu sein scheint[41]. In der gleichzeitigen frühosmanischen Steinarchitektur (14. Jahrhundert) wollte man die Stellen, an denen die Last des Bogens auf die Stütze stößt, in der Form von niederhängenden Körpern gestalten, indem man das Baumaterial selbst, den Stein, als „gefrorene" Tropfsteine gestaltete. So wurde der Stalaktit in der angehenden osmanischen Architektur zum Zeichen eines neuen tektonischen Empfindens.

An den Bogenwänden der Alhambra treten Stalaktiten nur in dekorativen Zusammenhängen in Erscheinung: als flache Konsolen, auf denen die Vielpaßrahmen der Bogen enden, oder auch als Bogenfüllungen, an den vorspringenden Partien der Arkaden im Löwenhofe, also nirgends in Verbindung mit dem almohadischen Rahmen, der die Struktur dieser Wände bestimmt.

Genauer betrachtet, übernehmen die Stalaktiten hier die Funktion der spätalmohadischen Lambrequins. Sie stellen sozusagen eine formale Abwandlung einer lokalen Architekturtradition dar. Die Art ihrer Anwendung in der Alhambra läßt sich nicht mehr mit ihrer Bedeutung in der östlichen Architektur vergleichen.

Der nasiridische Palast Alhambra steht am Ende der westislamischen Bautätigkeit und stellt eine

226., 227. Alhambra, Löwenhof.

228., 229., 230. Alhambra, Wand- und Deckendetails.

großartige Synthese verschiedener Bautraditionen dar, eine Synthese allerdings, in der die Architektur ihre tektonische Realität verliert und als eine feierliche „Festarchitektur" erscheint. Oleg Grabar hat in seiner kürzlich erschienenen Studie über die Alhambra[42] darauf hingewiesen, wie schwer es sei, die genaue Bestimmung der einzelnen Räume festzustellen, geschweige denn mit Genauigkeit zu rekonstruieren, wie in diesen prachtvollen Räumen und Höfen gelebt wurde.

Bauen um der Baukunst willen? Selbstbespiegelung einer nur illusorisch aufrechterhaltenen Macht, die politisch keinen realen Boden mehr unter den Füßen hatte? Die Gestalt dieser prächtigen Architektur spricht eigentlich dafür. Ich möchte hier noch auf eine andere Eigenart dieser Architektur hinweisen, die mir im Zusammenhang mit dem Verlust der tektonischen Realität sehr bezeichnend erscheint, nämlich auf das Fehlen einer *maßgebenden Ordnung zwischen Groß und Klein, zwischen dem Ganzen und den Teilen.* Dies bewirkt, daß die Grenze zwischen Architektur und Dekoration aufgehoben wird. Die Säule z. B., der die Funktion als Träger der Bogenwände zukommt, erscheint an der gleichen Wand in verschiedenen Größen und Formzusammenhängen: an den Pfeilern der vorspringenden Arkaden des Löwenhofes als Ecksäulen, an den Innenseiten der Bogenwände als eine Reihe von kleinen Halbsäulen und an der Rückseite der Bogenwand – wiederum in einem anderen Maßstab – als Halbsäulen, die paarweise einen schweren Stalaktitenaufsatz tragen, auf dem die Konsolen der Querbalken ruhen.

Das gleiche gilt auch für die mit einem Ornament- oder Schriftband eingerahmte Portalgestalt: Kleine und kleinste Wandnischen erscheinen in der Form eines monumentalen Portals. Wir stehen hier vor einem architektonischen Phänomen, das beim Beschauer den Märchenspruch „Sesam öffne Dich" in Erinnerung ruft. Je mehr unser Auge die formalen Zusammenhänge zu erfassen versucht, umso häufiger entdeckt es Wiederholungen des Gleichen, verkleinert, vervielfältigt und ineinander verschachtelt.

231. Cordoba, Große Moschee, Kuppel über dem Vormihrabraum.

232. Torres del Rio, Kirche des heiligen Grabes.

233. Burgos, Vierungskuppel der Kathedrale.

2. Die arabische Architektur und das westliche Mittelalter

Wenn ich abschließend die Frage nach der Auswirkung der arabischen Architektur auf den christlichen Westen aufwerfe, so beabsichtige ich nicht, einen Überblick über die sog. Mudéjar-Kunst zu geben, die bereits von hervorragenden Kennern dieser Epoche erforscht und dargestellt worden ist[43]. Doch um meine Frage präzisieren zu können, möchte ich zuerst versuchen, kurz zu skizzieren, was die Bezeichnung Mudéjar-Stil ausdrückt und wo seine Grenzen abzustecken sind.

Nach dem Zusammenbruch des Almohaden-Reiches verlief die spanische Rückeroberung sehr schnell. In Andalusien und in den anderen südlichen Provinzen bildete aber die arabische Bevölkerung die Mehrheit. Ihre Kultur und Kunst blieben bis Ende des 15. Jahrhunderts tonangebend. Es entwickelte sich ein neuer Architekturstil, den ich im Zusammenhang mit der Alhambra oben kurz beschrieben habe.

Zu gleicher Zeit entstand in Toledo, Zaragossa, Sevilla und in anderen südlichen Städten eine Reihe

234. Alhambra, das Bad.

235. Prov. Léon, S. Miguel de Escalada.

von christlichen Bauten in diesem neuen arabischen Stil. So entwickelte sich eine eigenartige Symbiose arabischer und christlicher Bauformen, wobei nicht zu vergessen ist, daß vieles, was die Spanier aus dem Norden als eigene Tradition mitbrachten, bereits seit dem Ende des 9. Jahrhunderts von arabischen Formen infiltriert war. *Hufeisen* und *Rippenkuppel* beispielsweise waren nach dem 10. Jahrhundert auch in den nicht vom Islam eroberten Gebieten der Halbinsel verbreitet. Beispiele dafür wären etwa: S. Miguel de Escalada (913), Santa Cristina de Léna oder die Rippenkuppel der oktogonalen Heilig-Grab-Kirche in Torres del Rio (Ende des 12. Jahrhunderts).

Die christlichen Bauten der südlichen Provinzen, die nach der Zurückeroberung entstanden waren, sind – vor allem was die Dekoration betrifft – kaum von den zeitgenössischen arabischen Bauten zu unterscheiden. Vieles davon war auch von arabischen Werkmeistern ausgeführt. In leicht abgewandelter Form sind gewisse Elemente dieses Stils auch im normannischen Sizilien und in Süditalien anzutreffen: Die Decke der Capella Palatina in Palermo, die Dome von Amalfi, Salerno, Caserta Vecchia usf. Doch im Prinzip blieb der Mudéjar-Stil ein typisch spanisches Ereignis. Die Bezeichnung Mudéjar charakterisiert so eine bestimmte Etappe der spanischen Baukunst, nämlich die Zeit vom 13. bis 15. Jahrhundert.

Meine Frage betrifft aber nicht diese nur für Spanien typische Symbiose der christlichen Architektur mit dem arabischen Spätmittelalter und auch nicht die oben erwähnten Infiltrationen der arabischen Formelemente in die vorromanische Architektur Asturiens und Kastiliens. Im folgenden möchte ich *nur* der Frage nachgehen, welche Be-

236. Prov. Oviedo, Sta. Cristina de Leña.

237. Soria, Kloster S. Juan de Duero.

deutung den Cordobeser Systemen innerhalb der Entwicklung der Tragesysteme des christlichen Mittelalters zukommt.

Wie wir gesehen haben, fanden *Hufeisen, Rippenkuppeln* und *sich kreuzende Bogen* Zugang in die zeitgenössische christliche Architektur. Eine direkte Anwendung von doppelgeschossigen Bogen wurde hingegen in der christlichen Architektur nirgends versucht. Trotzdem scheint es mir nicht übertrieben zu sein, festzustellen, daß die Tragewände von Cordoba für die westlichen Wandsysteme eine tiefere und nachhaltigere *Inspirationsquelle* gewesen sind als die direkt übernommenen Motive, die bald verschwanden oder ins Dekorative umgesetzt wurden. Ich nenne die Rolle, die Cordoba in der Geschichte des westlichen Mittelalters gespielt hat, bewußt „inspirierend" und nicht bestimmend, da es sich in diesem Zusammenhang weder um eine Weiterentwicklung des in Cordoba gefundenen Konstruktionssystems geht, noch um irgendwelche direkte „Architekturzitate" handelt.

Es mag überraschen, wenn ich die Wandsysteme von Cordoba mit den Hochschiffwänden der romanischen Kirchen im Zusammenhang zu sehen versuche. Diese sind ja gewölbte Räume. Dementsprechend gehen auch die meisten Spezialisten der Romanik von der Frage der „Jochbildung" aus und interpretieren die Formen der Wandgliederung im Zusammenhang mit der Wölbungsform.

Die Bogenwände von Cordoba tragen hingegen keine gewölbte Decke. Im Prinzip sind sie „zweidimensionale" Konstruktionen. Sie sind frei im Raum stehende „Gestelle", die theoretisch endlos weitergeführt werden könnten. Sie konstituieren sich als ein vertikal gegliedertes Wandkontinuum, und in dieser Eigenschaft sind sie die frühesten Beispiele

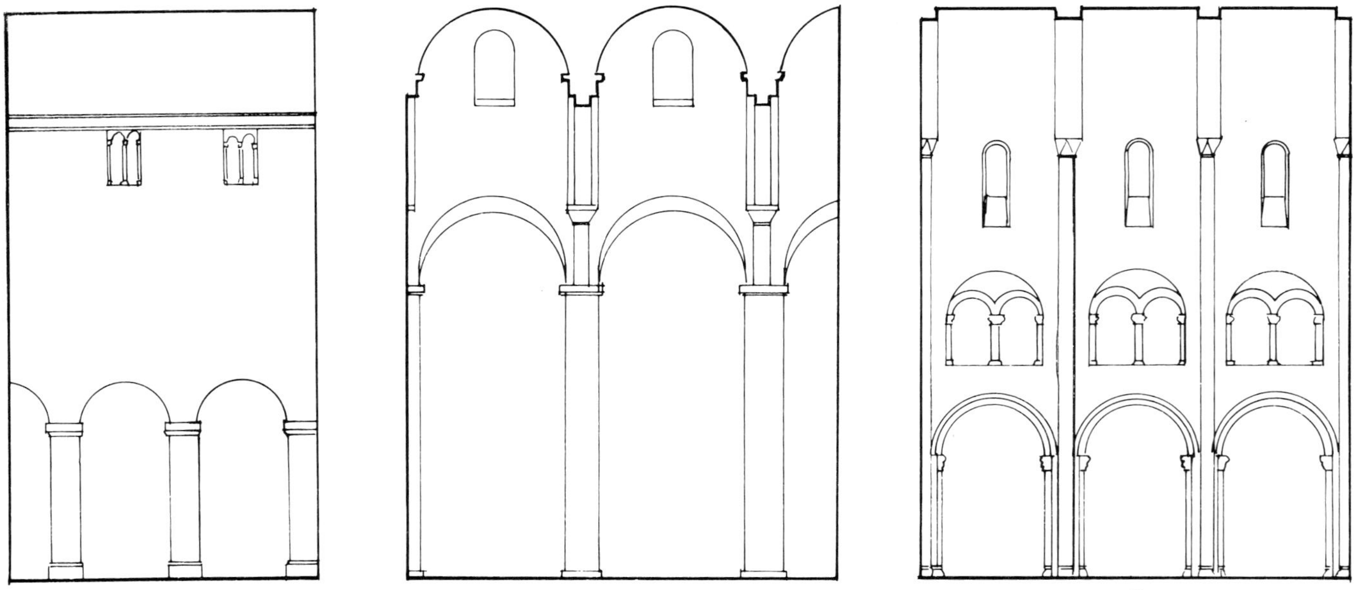

238. Die Wandsysteme A, B und C

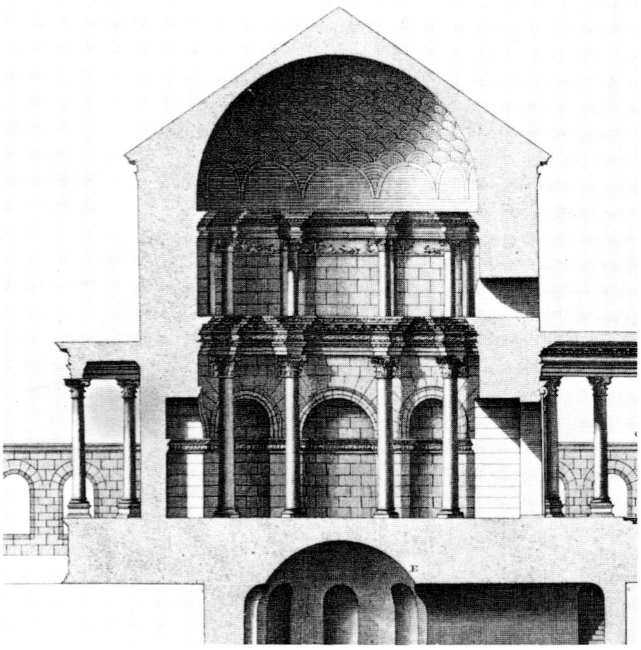

239. Spalato, Diokletians Palast, Schnitt durch den Jupiter-Tempel.

der vertikalen Gliederung einer Arkadenwand. Eben in diesem Sinne werden mich im folgenden die verschiedenen Erscheinungsformen der Hochschiffwände beschäftigen.

Die Hochschiffwände der christlichen Kirchen zeigen in der Zeitspanne 900–1250 *drei* verschiedene Strukturen, die ich im folgenden als Typus A, B und C bezeichnen möchte. Diese Einteilung betrifft nur die Struktur der Wände, sie hat kaum etwas mit den Stilentwicklungen zu tun, d. h., sie ist unabhängig von Stileinheiten: vorromanisch, romanisch, gotisch, auch von den sog. Stilstufen „Früh", „Hoch", „Spät".

Der Wandaufbau, den ich Typus A nenne, ist die früheste Struktur und ist im Prinzip nichts anderes als eine Fortsetzung der syrischen Hochschiffwand, die ich im Abschnitt III beschrieben habe. Die Bogenwand ruht hier auf Säulen oder Pfeilern, die Fläche zwischen Obergadenfenstern ist glatt, d. h., es wird nicht versucht, sie durch plastische, vertikale Elemente zu gliedern. Beispiele für diesen Typus wären die westgotischen Kirchen des 8. Jahrhunderts in Spanien (z. B.: S. Juan de Baños) und

240. Qâlb-Luzeh, der Chor (nach Vogüé)

241. Qâlb-Luzeh, das Hochschiff (nach Vogüé)

die asturischen Kirchen des 9. und 10. Jahrhunderts (S. Pedro de la Nave, S. Miguel de Escalada usf.). Auch die Hochschiffwände vieler zeitgenössischer Kirchen nördlich und südlich der Alpen zeigen – wenn auch in sehr verschiedenen Bautechniken und Baumaterialien – den gleichen Aufbau, so z. B. die Kirchen auf der Insel Reichenau, die alte Klosterkirche von St. Gallen, die Kirchen von Quedlinburg, Paderborn, St. Michael und St. Godehard in Hildesheim. In Italien gehören S. Miniato und der Dom von Fiesole (beide bei Florenz) zu diesem Typus. Gegen Ende des 10. Jahrhunderts, vermutlich angeregt von der byzantinischen Architektur und von der Aachener Palastkapelle, wird der Wandtypus A in einigen Fällen mit Emporen versehen: Dom von Pisa, die alte Kirche S. Remi in Reims, S. Cyriakus in Gernrode oder Vignory in Frankreich.
Während diese uralte Form der Hochschiffwand in den oben genannten Kirchenbauten bis Ende des 12. Jahrhunderts weiterlebt, etablieren sich in der 1. Hälfte des 11. Jahrhunderts die Typen B und C und werden im Laufe des Jahrhunderts immer zahlreicher.

Die Innenwand des Jupiter-Tempels in Spalato wird durch zwei übereinandergestellte Kolonnadenreihen gegliedert. Eine ähnliche Art der Wandgliederung wird gegen Ende des 5. Jahrhunderts in den syrischen Kirchen an den Außenwänden der Chöre angewendet: Turmanin, Qâlat-Seman, Qâlb-Luzeh (Abb. 240). Hier wird der untere Architrav weggelassen, eingeschobene Kämpfersteine verbinden die beiden Säulenreihen miteinander. Das Vertikale erhält dadurch ein Übergewicht. Es entstehen nun neue, den klassischen Normen völlig entgegengesetzte Maßverhältnisse.
Eine durchgehend vertikale Gliederung der Hochschiffwand wird jedoch in keiner dieser Kirchen versucht. Sowohl in Qâlat-Seman (vgl. Abb. 245) wie in Qâlb-Luzeh (Abb. 241) trennt ein durchgehendes Gesims die untere Bogenwand und die Reihe der Obergadenfenster.

242. Prov. Gerona, S. Pedro de Roda.

243. Tournus, Saint-Philibert.

Die Wandstruktur, die ich als Typus C bezeichne, wird zum ersten Mal in Frankreich, in S. Philibert in Tournus, realisiert (973–1007). Der Typus B tritt mit der Errichtung der deutschen Kaiserdome am Rhein (1009–1040) in Erscheinung. B und C unterscheiden sich vom Typus A durch ihre *durchgehende vertikale Gliederung*. Sie stellen jedoch zwei unter sich verschiedene Wandtypen dar, weil die Art ihrer Gliederung zwei unterschiedlichen Prinzipien folgt.

In Tournus besteht die Hauptschiffwand aus massiven Backsteinrundpfeilern und einer zurückspringenden Bogenwand. Die Segmentflächen auf den Rundpfeilern, die durch das Zurückspringen der Bogenwand entstehen, werden von Halbrundpfeilern besetzt, die ebenfalls aus Backstein gemauert sind. Diese kommen der Last der Schwibbogen entgegen, welche die Quertonnen der Decke tragen. Sie bilden zusammen eine selbständige, zwischen den beiden Hochschiffwänden eingespannte, konstruktive Einheit. Die tragende Vertikale – zusammengesetzt aus Rundpfeilern und Halbrundpfeilern – geht hier zwar durch, besteht aber aus zwei Teilen, die zu verschiedenen konstruktiven Einheiten gehören.

Das System B, das einige Jahre später als C entsteht, ist eher dem „divisiven" System der römischen Wände verwandt (vgl. S. 146). Die Funktion der Säule oder des Pfeilers als selbständige Stütze wird hier überdeckt. Dienste, die sich ohne Unterbrechung vom Boden bis zur Decke strecken, prägen die Wandstruktur. Die frühesten Beispiele dieser Art von Wandgliederung finden wir, wie bereits bemerkt, in den Domen von Mainz, Speyer und Worms; in Spanien: in Santiago de Compostela oder etwa S. Martin in Fromista; in Frankreich: in der Abteikirche von Jumièges, in S. Etienne in Nevers, in Mont S. Michel, S. Sernin in Toulouse, in S. Trophîme in Arles und in S. Foy in Conques.

Eine ausgefallene Erscheinung ist die um 1022 gebaute Klosterkirche S. Pedro de Roda in der katalanischen Provinz Gerona. Ausgefallen deshalb, weil diese Kirche zugleich als eine Vorstufe des Typus B wie auch des Typus C betrachtet werden kann. Konstruktionsmäßig gehört sie eher in die Reihe von Tournus, rein optisch jedoch wirken die beiden unmittelbar übereinandergestellten Säulen wie schlanke Dienste der frühromanischen Kirchen. Der Pfeilersockel mit „T"-förmigem Grundriß, der etwa ein Drittel der gesamten Pfeilerhöhe ausmacht und den Säulen als Basis dient, ist meines Wissens eine seltene Erscheinung in der Geschichte der Hochschiffwände.

Die Hochschiffwand von S. Pedro enthält alle Elemente, die später, sich entweder zum System B oder zum System C zusammenfügend, ihren eigenen Entwicklungsweg gehen werden.

Die in S. Pedro durch Übereinanderstellen von zwei Spoliensäulen gefundene Formulierung wird in einigen Kirchenbauten des 12. Jahrhunderts weitergeführt, jedoch nicht durch frei vor die Wand gestellte Säulen, sondern durch Dienste, die als eine durchgehende Halbsäule oder als zwei übereinandergestellte Halbsäulen gestaltet sind, so z. B. in S. Pierre in Aulnay, in der Abteikirche von Fontenay, in Ste. Madeleine in Vézelay.

Eine Weiterführung des Systems C im eigentlichen Sinne können wir erst an der um die Mitte des 12. Jahrhunderts umgebauten Hochschiffwand von S. Remi in Reims feststellen. Die Hochschiffwände dieser Kirche waren ursprünglich nach dem System A konzipiert. Beim Umbau wurde der Wand ein Diensten-System vorgeblendet. Dieses besteht aus einem bis zur Kämpferhöhe der Bogen reichenden, mit eigenem Kapitell ausgestatteten Bündel von fünf Halbsäulen. Die beiden äußersten davon markieren die Träger der Spitzbogen und die drei mittleren dienen als „Träger" des Kreuzrippengewölbes, das erst 1182 vollendet wurde.

In einigen wichtigen Kirchenbauten der französischen Frühgotik wurden die Hochschiffwände von Anfang an nach dem System C konzipiert, wie z. B. Laon (1174–1190) und die Notre Dame in Paris. Es ist überraschend, daß am Anfang der Gotik *der Rundpfeiler* wieder aktuell wird. In Laon beispielsweise stützt sich die Hochschiffwand auf Rundpfeiler. Die gotische Wandgliederung beginnt erst oberhalb der Pfeilerkapitelle. Die Pfeiler tragen die Hochschiffwand, ohne daß sie mit ihr formal zusammenschmelzen.

Nach dem Anfang des 13. Jahrhunderts – mit der neuen Formulierung der gotischen Hochschiffwand im Langhaus von Chartres – verschwinden die Rundpfeiler allmählich, doch gibt es einige Bauten, bei denen diese ältere Wandstruktur beibehalten wird: S. Etienne in Châlons-sur-Marne (1185–1220), Notre Dame in Soissons (begonnen 1212).

In der klassisch gotischen Hochwand schmilzt der Rundpfeiler wieder mit der Bogenwand zusammen. Sein Kapitell wird von durchgehenden Diensten und Halbsäulen unterbrochen. Er bleibt aber als Kernstück des Dienstenbündels bestehen, das sich zwischen dem Boden und dem Rippengewölbe spannt. Die Gestalt der Dienste überwindet den Eindruck der Schwere. Mit den Rippen der Gewölbe zusammen bilden die Dienste ein System, das nur den Zugkräften ausgesetzt zu sein scheint.

Der freistehende Rundpfeiler kommt an den Wänden der hochgotischen Kirchen nicht mehr vor. Doch an den Chorwänden der Kathedralen bleibt er weiterhin bestehen. Die Chorwände der Kathedralen von Coutances, Rouen und Noyon beispielsweise ruhen auf massiven Rundpfeilern.

Die Idee, eine kontinuierliche Bogenwand vertikal zu gliedern, wurde im Westen zum ersten Mal in der Gründungsmoschee von Cordoba verwirklicht (785) und entfaltete sich in den verschiedenen Erweiterungen derselben Moschee. Der Sieg der Almoraviden und die Einführung des almoravidischen Wandsystems setzten der Weiterentwicklung der Cordobeser Systeme ein Ende. Die Rahmenstruktur der almoravidischen Pfeilerwände war der Idee der vertikalen Gliederung prinzipiell entgegengesetzt. In den almoravidischen und almohadischen Tragewänden wurde der Bogen zu einem dekorativen Element degradiert und der Gegensatz zwischen Stütze und Last durch die Gestalt des Rahmens neutralisiert.

In der entstehenden romanischen Architektur rückte hingegen nach Beginn des 11. Jahrhunderts die vertikale Gliederung der Hochschiffwand in den Vordergrund, und der Rundpfeiler als Träger der Bogenwand gewann immer mehr an Bedeutung. Die in Cordoba realisierten Lösungen, die Tragewand durch Übereinanderstellen verschiedener Elemente zu gliedern, und auch die Idee, zwei verschiedene Tragesysteme ineinander zu verschachteln, gaben gewisse Anregungen für den Aufbau der Hochschiffwände einiger romanischer Kirchen, doch, wie bereits bemerkt, nicht als Konstruktionsbasis, sondern rein *visuell.* Die als „Bild“ empfangenen Impressionen wurden in der christlichen Architektur auf völlig andere strukturelle Zusammenhänge übertragen. Der Überblick über die Hochschiffwände von Tournus bis zu den Hochschiffwänden von Laon und Notre Dame in Paris zeigt, daß nirgends schwerere Elemente von leichteren getragen werden. Im Gegenteil: die Hochwände der oben genannten Kirchen werden von unten nach oben leichter, feingliedriger und transparenter. Charakteristisch für Cordoba ist aber die „Umkehrung“ der tektonischen Verhältnisse: Ein schweres Pfeilersystem wird von einer halb so schmalen Säulenarkade getragen: Die christliche Architektur hat die Gesetze der Tektonik nirgends in diesem Maße mißachtet.

Die Cordobeser „Impressionen“ haben meines Erachtens am deutlichsten in den Strukturen des Systems C ihren Niederschlag gefunden. Doch die „Verwandtschaft“ des Systems C mit den Wänden von Cordoba liegt nicht im Aufbau, sondern in der Übertragung der Idee, *heterogene Trageelemente übereinanderzustellen und damit die Wand vertikal zu gliedern.* Die Heterogenität der Gliederungselemente ermöglichte in Cordoba eine genauere Artikulation der beiden zusammengekoppelten Konstruktionssysteme: nämlich der Pfeiler- und Säulenarkaden. An den Hochschiffwänden der frühgotischen Kirchen spielt sich ebenfalls etwas Entsprechendes ab. Die Rundpfeiler und die von den Emporen und dem Triforium aufgelockerte Bogenwand bilden für sich eine Einheit, während sich die über die Rundpfeiler hinauswachsenden Dienstenbündel zusammen mit den Kreuzrippen zu einer zweiten Einheit zusammenfügen. Wenn auch dieser Eindruck mit der statischen Wirklichkeit nicht übereinstimmen mag, prägt sie doch die Gestalt der Wand.

Neben Cordoba war Palermo eine der wichtigsten arabischen Residenzstädte auf europäischem Boden.

Doch die von Sizilien ausgehenden Infiltrationen zu erforschen, ist kaum möglich, weil alle Moscheen und Paläste von Palermo spurlos verschwunden sind. Es wird überliefert, daß diese Stadt vor der Einnahme der Normannen (1072) über dreihundert Moscheen gehabt habe. Doch wissen wir nicht, ob auch einige dieser Moscheen ähnlich wie Cordoba doppelstöckige Tragewände hatten. Sich kreuzende Bogen waren auf alle Fälle im arabischen Sizilien ein sehr verbreitetes Motiv; davon zeugt ja ihre rasche Verbreitung in der normannischen Architektur. Sie wurden vor allem als Fassadengliederung verwendet. Die schönsten Beispiele dieses von den Normannen übertragenen Motivs finden wir an den Chorwänden der Kathedralen von Cefalù und Monreale, jedoch mit gewissen Modifikationen: Die Säulen werden von pfeilerartigen Sockeln getragen, und nicht die *unteren,* sondern die *oberen* Bogen überschneiden sich. Es ist schwer zu beurteilen, ob diese Struktur auf gewisse, einst in Palermo bestehende Moscheen zurückgeht oder eine von Normannen abgewandelte Form der Cordobeser Systeme ist.

Die Rolle der Normannen in der Verbreitung der arabischen Motive im westlichen Mittelalter ist bisher kaum zusammenhängend erforscht worden. Sicher ist auf alle Fälle, daß die sich kreuzenden Bogen als wandgliederndes Motiv durch die Normannen nach England eingeführt wurden (Ely, Wells, Durham usf.). Die ungewöhnliche Säulenvorhalle der Kathedrale von Durham, die tatsächlich wie eine kleine arabische Bethalle aussieht, zeigt z. B., mit welcher Selbstverständlichkeit sich die Normannen der arabischen „Architektursprache" bedienten.

Bevor ich meine Bemerkungen über die arabischen Inspirationen im westlichen Mittelalter beende, möchte ich auf eine weitere visuelle Übertragung hinweisen. Mir scheint diese Übertragung als wahrscheinlich, doch läßt sie sich kaum mit Gewißheit überprüfen. Ich vermute, daß die Idee des *Stufenportals* mit den Bildeindrücken zusammenhängt, welche die Frontalansichten der hintereinander sich öffnenden Bogenfluchten von Cordoba dargeboten haben. Dieses Motiv, das sich zuerst in der Landschaft von Poitou entfaltet hatte, eroberte von hier aus die Fassaden der romanischen Kirchen in Frankreich, Spanien und England.

Wie das antike und christliche Formgut vom Islam aufgenommen und verarbeitet wurde und was die arabische Architektur des frühen Mittelalters dem christlichen Mittelalter weitergegeben hat, war der Inhalt meiner Ausführungen. Sie haben gezeigt, daß die Raumstruktur der arabischen Bethalle völlig anders war als die der Kirchen des westlichen Mittelalters. Eine Beeinflussung auf räumlicher Ebene war von vornherein ausgeschlossen. Doch fanden gewisse Infiltrationen über das Visuelle statt. Die Idee der vertikalen Gliederung, die im arabischen Spätmittelalter *keine* Fortsetzung fand, konnte der entstehenden Romanik gewisse Impulse geben, weil die vertikale Gliederung und die Artikulation der gliedernden Elemente mit dem Beginn der Romanik eines der Grundprobleme des christlichen Kirchenbaus geworden waren.

Abschließend möchte ich die Frage nach den Infiltrationen nochmals aufwerfen, jedoch mit umgekehrten Vorzeichen: Gibt es bestimmte Formen – auf beiden Seiten – die in den Bereich der anderen keinen Zugang gefunden haben? Ober anders ausgedrückt: Welche Bauformen der antiken und der christlichen Architektur haben die Araber bei ihrem Bauen konsequent ausgeklammert, und welche arabischen Motive fanden keinerlei Echo in der christlichen Architektur des Mittelalters? Dieser Frage nachzuspüren, könnte helfen, die Eigenart der frühislamischen Architektur deutlicher zu erfassen. Hinweise auf die nicht integrierten Formen können meines Erachtens für das Verständnis der Bedeutungszusammenhänge ebenso hilfreich sein wie das Forschen nach der Herkunft der gegenseitigen Infiltrationen.

In der spätrömischen Architektur fanden eigenartige Synthesen der hellenistischen und der römischen Bauformen statt. Die *Verbindung der Rundbogen mit Säulen* und die *Besetzung der Giebelmitte mit einem Rundbogen* gehören zu den wichtigsten Formschöpfungen dieser Zeit. Die Kombination der

244.

Die Brechung der Basis des Dreieckgiebels durch einen Rundbogen war ein schwerwiegender Verstoß gegen die hellenistische Bautradition. Wenn wir bedenken, daß dieses Motiv in der christlichen Architektur durch verschiedene Stile hindurch seine Bedeutung behalten hat, so wäre es sicher nicht abwegig, sein Weiterleben als ein Zeichen des Sieges des christlichen Glaubens über die Götter der Antike auszulegen. Doch die ersten, die den Boden, auf dem einst eine der olympischen Gottheiten stand, abgetragen haben, waren nicht die Christen, sondern die Römer und dies ausgerechnet in jener Zeit, die Gustave Flaubert so trefflich charakterisiert hat: „Les dieux n'étant plus, et le Christ n'étant pas encore, il y a eu, de Cicéron à Marc Aurèle, un moment unique où l'homme seul a été“ (Briefe).

244. Spalato, Diokletians Palast, Stich von Robert Adam.
245. Qâlat-Seman, die Südfassade (nach Vogüé).

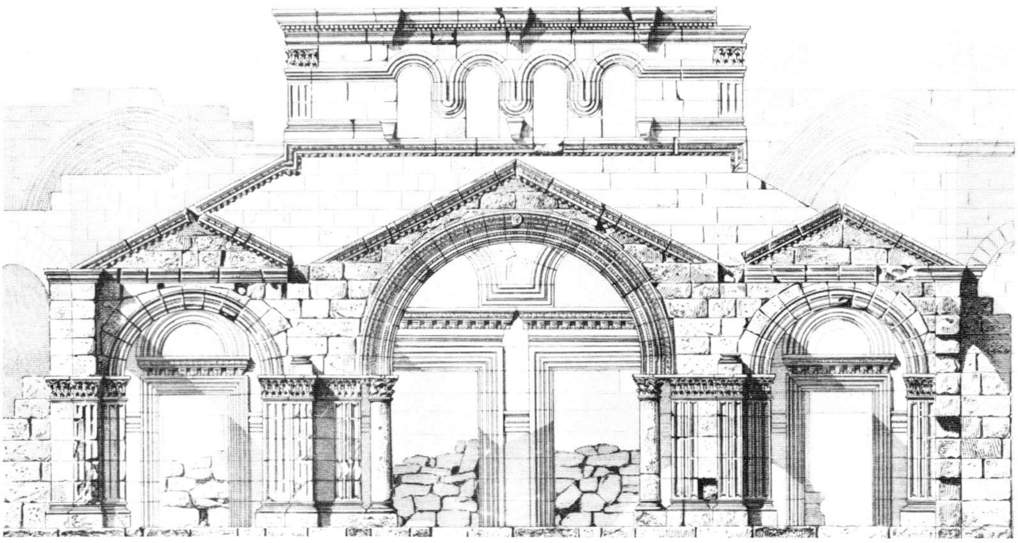

245.

Rundbogen mit Säulen wurde zum Grundmotiv der frühislamischen Tragewände, während die *Verkoppelung des Giebels mit dem Rundbogen überhaupt keinen Zugang zur islamischen Architektur fand.* Das Giebelmotiv und seine verschiedenen Kombinationen mit dem Rundbogen wurden hingegen von der christlichen Architektur übernommen und im Laufe der Jahrhunderte verschiedensten Zwecken angepaßt: Bereits im 5. und 6. Jahrhundert tritt dieses Motiv an den syrischen Kirchenfassaden in Erscheinung (Qâlat-Seman, Dār Kita, Bakhirā, Ruhêwa u. a.) und ist später in der französischen Romanik dominierend an den Fassaden vieler Kirchen in der Provence, in der Auvergne und

246. Arles, St. Trophime, Portal.

247. Straßburg, Münster Hauptportal.

248. Padua, Arena-Kapelle, „die Gerechtigkeit", Wandbild von Giotto.

im Poitou (S. Trophîme in Arles, Aulnay, Saint-Jouin-de-Marnes und Notre Dame la Grande in Poitiers). In Italien tritt es als von der Fassade losgelöstes Portalmotiv auf: in Rom z. B. in S. Clemente, in Norditalien an den Fassaden der Dome von Parma, Piacenza und der S. Zeno in Verona.

Auch die Stufenportale der französischen Hochgotik sind im Prinzip eine neue Variante des gleichen Grundmotivs: Eine „endlose" Reihe von abgestuften Säulen und Spitzbogen wird von einem Satteldach überdeckt, und der vorderste Bogen wird oben von einem Dachgiebel umrahmt (Laon, Nord- und Südportale von Chartres, Reims, Amiens und Straßburg). In der Spätgotik überdeckt dieses Motiv als durchsichtige, in „Filigran" aufgelöste Reihen von Wimpergen die Fassaden und Türme vieler Kathedralen. Im Kircheninnern erscheint es als Ciborium, und in der Malerei der italienischen Spätgotik haben die Baldachindächer des Marienthrones ebenfalls dieselbe Form.

Es scheint auf den ersten Blick verwunderlich zu sein, weshalb dieses in der christlichen Architektur so vielfältig verbreitete Motiv in *keiner* der Architekturlandschaften der arabischen Welt ein Echo gefunden hat. Es wäre nicht richtig, das „Fehlen" des Dreieckgiebels in der arabischen Architektur auf die überwiegende Zahl der Flachdachkonstruktionen zurückzuführen. Sowohl die Schiffe von Cordoba wie auch die späteren Moscheen in Maghrib sind durchwegs mit Satteldächern überdeckt. Bei all diesen Bauten ist das Mittelschiff etwas breiter und als Folge davon der mittlere Bogen etwas höher. Die Dachkonstruktion bleibt aber immer hinter einem bezinnten Wandabschluß versteckt, und es wird nirgends versucht, die Dreieckform des Daches in die Fassadengestaltung einzubeziehen, d. h. sie auch an der Fassade zum Ausdruck kommen zu lassen. Der Dreieckgiebel kommt in der islamischen Architektur nur ganz am Anfang *ein einziges Mal* vor: an der Hoffassade der Großen Moschee von Damaskus. Man hätte also in der frühislamischen Architektur ein hervorragendes Vorbild dafür gehabt. Dieser Portalbau der ältesten und repräsentativsten Moschee aus der frühomaijadischen Zeit

249. Sousse, Mihrab der Ribat Moschee.

250. Kairuan, Mihrab der Großen Moschee.

bleibt ein Einzelfall und wird nicht zum Vorbild für die späteren Moscheenportale. Dies scheint mir symptomatisch für die Abneigung des Islams gegen die Dreieckform zu sein.

Diese Abneigung als eine bewußte Ablehnung eines als typisch christlich empfundenen Motivs zu deuten, wäre jedoch nicht richtig. Der Islam hat ja viele andere antike oder christliche Formen direkt übernommen und ohne Zögern den eigenen Zwecken angepaßt, so z. B. die *Mihrabnische.* Die ursprünglich römische Idee, eine Wandnische mit zwei Säulen und einem Bogen einzurahmen, wurde sehr früh in die christliche Architektur integriert. Besonders in Nordafrika und im westgotischen Spanien bestimmte sie die Gestalt der Altarnische. In die islamische Architektur ging dann dieses Motiv als Umrahmung der Mihrabnische ein. Ein Überblick über die Wandlung der anfänglich unverändert übernommenen Form der Mihrabnische würde vielleicht weiter helfen, um die islamische Ablehnung der Dreiecksform besser zu verstehen. Die älteste der in ihrer ursprünglichen Form erhaltenen Mihrabnischen ist die der Großen Moschee von Kairuan (834). Bogen, auf zwei Säulen gestützt, erscheinen hier nicht nur als Umrahmung der Mihrabnische, sondern dasselbe Motiv wird auch in der Dekoration der Nischenwand mehrfach wiederholt. Die kleinen Nischen sind von einer Muschelhalbkugel überwölbt. Diese Komposition zeigt eine große Ähnlichkeit mit den westgotischen Altarnischen und den kleinen Altardarstellungen auf den Reliefs. Diese überraschende Parallele ist sicher auf gewisse spätrömische Vorbilder in Nordafrika und Spanien zurückzuführen.

Neben dem Mihrab von Kairuan gehören auch die der Moscheen von Sousse zu den ältesten in originaler Form erhaltenen Beispielen. Auch diese Mihrabnischen zeigen im Prinzip eine ähnliche Gestaltung wie die von Kairuan. Erst in der III. Bethalle von Cordoba (976) erhält diese nun für die islamischen Moscheen traditionell gewordene Mihrabform eine formale Ergänzung.

251. Cordoba, Mihrab der Großen Moschee.

252. Tinmal, Mihrab der Grabmoschee.

Unter der byzantinischen Mosaikverkleidung und ungeachtet des fremden „Gewandes" wird hier für die *Einfassung* der Mihrabnische eine neue Formulierung gefunden: *Der Bogen wird von einem rechteckigen Rahmen eingefaßt,* dessen Seiten bis zur Kämpferhöhe des Bogens reichen. Von diesem Moment an wird dieses Kompositionsschema zur Formel für die Einrahmung der Mihrabnischen in der arabischen Moschee.

Tor- und Fensteröffnungen mit einem gleichartigen Profil einzurahmen, war eine uralte Tradition im Osten. Das Motiv des eingerahmten Tors spielt in der altägyptischen und altpersischen Architektur eine sehr bedeutende Rolle. Doch die Toröffnungen sind in diesen östlichen Bauten in der Regel nicht mit einem Bogen überwölbt. Sie haben einen geraden Türbalken, und der rechteckige Rahmen wird immer bis zum Boden geführt.

Die Erscheinung des Rahmenmotivs in der islamischen Architektur geht sicher auf die östlichen Vorbilder zurück. Das Rahmenmotiv wurde auch zuerst in der ostislamischen Architektur integriert und kam erst am Ende des 10. Jahrhunderts nach dem Westen.

Der Rahmen tritt jedoch in der islamischen Architektur von Anfang an nur im *Zusammenhang mit dem Bogen* in Erscheinung, und seine vertikalen Seiten *überschreiten nie die Kämpferhöhe des Bogens,* den er einfaßt. Dieses Schema ist neu. Im Osten wurde es sehr wahrscheinlich bereits im 9. Jahrhundert angewendet. Ein gut erhaltenes Beispiel für die ostislamische Präsentation dieses Kompositionsschemas finden wir an den Fassaden des Samâniden-Grabes in Buchara (907). Die wohlausgewogenen Proportionen dieses Grabmonuments und auch die Sicherheit des Handwerks zeigen, daß es sich hier nicht um einen anfänglichen Versuch handeln kann.

Die Mihrabnische von Cordoba ist neben der von Ibn Tulun das älteste Beispiel, das nach diesem östlichen Schema ausgestaltet wurde.

Darf diese Verkoppelung des altorientalischen Rah-

253. Sousse, Bogen über den Eingang an der Westwand.

255. Grabstein aus Iran, Metropolitan Museum, New York.

254. Buchara, Portal des Samâniden-Mausoleums.

menmotivs mit dem Bogen als ein islamisches Pendent zur spätrömischen Verkoppelung des Giebels mit dem Bogen betrachtet werden, die später in der christlichen Architektur über Jahrhunderte hinweg eine so bedeutende Rolle gespielt hat?

Die immerwährende Präsenz des vom *Dreieck eingerahmten Bogens* in der christlichen Architektur und des vom *rechteckigen Rahmen eingefaßten Bogens* in der islamischen zeugen genug von der Bedeutsamkeit dieser Formen.

Auf die symbolische Bedeutung dieser Formzusammenhänge näher einzugehen, würde die Grenzen dieser Arbeit überschreiten. Doch möchte ich hier bemerken, daß die Kombination des Dreiecks mit dem Bogen offensichtlich der christlichen Grundvorstellung der Dreieinigkeit entsprach. Weil die Christen diese Form mit einem eigenen Bedeutungsgehalt erfüllen konnten, wurde dieses spätrömische Motiv zu einem der repräsentativen Motive der mittelalterlichen Architektur und beherrschte die Gestaltung der Kirchenfassaden bis zur Renaissance.

Für den Islam hingegen war die Dreizahl wesensfremd. Himmel und Erde werden im Islam als eine „Im Gottes Thron eingezeichnete Einheit“ vorgestellt. So wäre vielleicht die hervorragende Stellung des Rahmens über den Bogen an den Mihrabnischen als ein Zeichen der göttlichen Allgegenwart zu verstehen: Rahmen über Bogen als Versinnbildlichung des vom göttlichen Thron umfaßten Weltgebäudes.

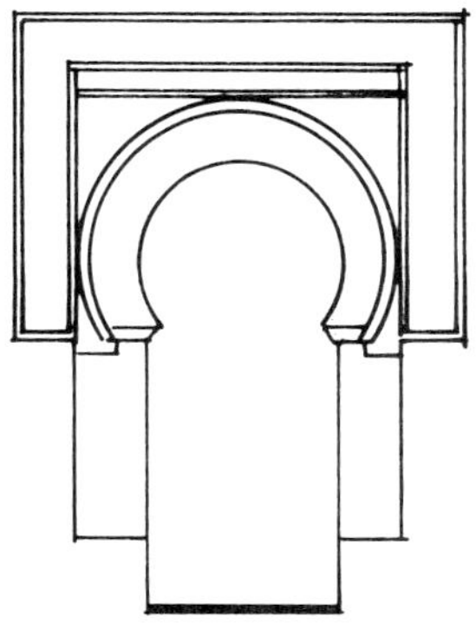

ANMERKUNGEN

1 *At-Tabari,* Les Annales, Ed. de Goeje, S. 2488/89.
2 *Al-Baladhuri,* die englische Übertragung von F. C. Murgotten, New York 1924, S. 435.
3 *Al-Muqaddasi,* Bd. II, S. 436, zitiert nach K. A. C. Creswell „A Short Account of Early Muslim Architecture", S. 7.
4 *Ibn Jubayr,* ed. Guest, II. S. 38.
5 *Leon Battista Alberti,* Zehn Bücher über die Architektur, Buch VII, Abschnitt 15.
6 *Guido Kaschnitz von Weinberg,* „Vergleichende Studien zur italisch-römischen Struktur", in Mitteilungen des deutschen archäologischen Institutes, Röm. Abteilung 59, 1944, S. 89–129.
7 *Hans Sedlmayr,* Spätantike Wandsysteme, in „Epochen und Werke" Bd. II, S. 39–79.
8 Nach einem Rekonstruktionsversuch von *H. Kähler* in seinem Buch „Hadrian und seine Villa in Tivoli", 1950.
9 *Jacob Burckhadt,* Der Cicerone, Erster Teil, S. 30.
10 *G. M. A. Hanfmann,* An Etruscan Terra-Cotta Early Urn, in: Worcester Art Museum Annual V., 1946, S. 15–31.
11 *S. Giedion,* Architektur und das Problem des Wandels, Tübingen 1969.
12 Nach einer Rekonstruktion von *Richard Krautheimer* in seinem Buch „Early Christian und Byzantine Architecture", Pelican History of Art, London 1965, S. 51.
13 Vgl. *Cte. de Vogüé:* Syrie centrale; *H. W. Beyer:* Der syrische Kirchenbau; *H. C. Butler:* Early Churches in Syria.
14 *Lucien Golvin,* Essai sur l'architecture Musulmane, Paris 1971, Tome 2, S. 110.
15 *K. Wulzinger/C. Watzinger,* Damaskus I, Die antike Stadt, Damaskus II, Die islamische Stadt; *Dussaud,* Le temple de Jupiter damascénien et ses transformations aux époques chrétiennes et musulmanes, in: „Syria" III, 1922.
16 *Oleg Grabar,* Die Entstehung der islamischen Kunst, Köln 1977, S. 70/71.
17 *Eutychius,* ed. Pococke, II, S. 284, zitiert nach K. A. C. Creswell, A Short Account . . ., S. 10.
18 *K. A. C. Creswell,* A Short Account of Early Muslim Architecture, Harmondsworth 1958, S. 73.
19 *George Marçais* und *Christian Ewert* vertreten diese Meinung.
20 *Christian Ewert,* Spanisch-Islamische Systeme der sich kreuzenden Bögen, Berlin 1968.
21 *Christian Ewert,* a. a. O., S. 58.
22 *Christian Ewert,* a. a. O., S. 58/59.
23 Die Rekonstruktionsversuche der Gründungsmoschee basieren auf Vermutungen. Es bestehen keinerlei verläßliche Dokumente über die ursprüngliche Form der Bethalle.
24 *Christian Ewert,* a. a. O., S. 9.
25 *Ernst Diez, Henri Saladin, Georges Marçais* vertreten diese Meinung.
26 *Lucien Golvin,* Essai sur l'architecture religieuse Musulmane, Tome 3, S. 144.
27 *Christian Ewert,* a. a. O., S. 57.
28 *Oleg Grabar,* The Architecture of Power: Palaces, Citadels and Fortifications, in: Architecture of the Islamic World, London 1978.
29 Vgl. *Lucien Golvin,* a. a. O., S. 21; *K. A. C. Creswell,* Early Muslim Architecture, S. 181.
30 *Ibn Jubayr,* Ed. de Goeje, S. 211.
31 *Herzfeld, E./Sarre, F.,* Archäologische Reise im Euphrat- und Tigrisgebiet, Berlin 1911–1920, Bd. 1, S. 88/89.
32 Die Arbeiten von Creswell, Golvin, Godard u. a.
33 *Ernst Diez,* Handbuch der Kunstwissenschaft; *Lucien Golvin,* Essai sur l'architecture Musulmane.
34 *K. A. C. Creswell,* Early Muslim Architecture, S. 356.
35 *Alexandre Lézine,* Architecture de l'Ifriqiya, Paris 1966, S. 118 und 120; *Lucien Golvin,* a. a. O., S. 169.
36 *Alexandre Lézine,* a. a. O.; *Lucien Golvin,* a. a. O.
37 *Henri Terrasse,* L'art Hispano-Mauresque, Paris 1932, S. 261–269.
38 *Henri Terrasse,* a. a. O., S. 271.
39 *Henri Terrasse,* a. a. O., S. 215–223, Rekonstruktionsversuch des Grundrisses S. 219.
40 *Georges Marçais,* Manuel d'art Musulman, Bd. I, S. 328–334, Rekonstruktionsversuch des Grundrisses S. 330.
41 Vgl. *U. Vogt-Göknil,* Osmanische Türkei, Fribourg 1965, S. 91.
42 *Oleg Grabar,* The Alhambra, London 1978.
43 *Georges Marçais, Henri Terrasse, Frederick Bargebuhr, L. Torres Balbás, Gomez-Merano, B. P. Maldonado.*

AUSGEWÄHLTE LITERATUR

Arrata, G. L'Architettura Arabo-Normanna e il Rinascimento in Sicilia, Mailand 1928.

Beyer, H. Wolfgang Der syrische Kirchenbau, Berlin 1925.

Bourouiba, Rachid L'Art religieux Musulman en Algérie, Algier 1973.

Brandenburg, D. Islamische Baukunst in Ägypten, Berlin 1966.

Burckhardt, Titus Die maurische Kultur in Spanien, München 1970.
Art of Islam, Language and Meaning, London 1976.

Butler, H. C. Early Churches in Syria, Neuauflage ergänzt und eingeleitet von Baldwin Smith, Amsterdam 1969.

Creswell, K. A. C. Early Muslim Architecture, 2 Bände, erste Auflage, Oxford 1932.
The Muslim Architecture of Egypt, Oxford 1952.
A Short Account of Early Muslim Architecture, Harmondsworth 1958.

Diez, Ernst Die Kunst der islamischen Völker, Berlin 1912.

Ewert, Christian Spanisch-Islamische Systeme sich kreuzender Bögen, Berlin 1968–1978:
I. Bd. Cordoba.
II. Bd. Die Arkaturen eines offenen Pavillons auf der Alcazaba von Malaga.
III. Bd. Die Kreuzgang-Arkaden des Klosters San Juan de Duero in Soria.
IV. Bd. Die Aljaferia in Zaragossa.

Giedion, Sigfried Architektur und das Phänomen des Wandels, Tübingen 1969.

Golvin, Lucien Essai sur l'architecture religieuse musulmane, Paris:
Tome 1. Généralités, 1970.
Tome 2. L'art religieuse des Umayyades de Syrie, 1971.
Tome 3. L'architecture religieuse des „grands Abbasides", la Mosquée de Ibn Tulun, l'architecture religieuse des Aghlabides, 1974.

Gòmez-Merano, M. El arte àrabe español hasta los almohades – Arte Mozàrabe, Ars Hispaniae Bd. III, Madrid 1951.

Grabar, Oleg The Formation of Islamic Art, London 1974. Deutsche Übertragung: Die Entstehung der islamischen Kunst, Köln 1977.
The Alhambra, London 1978.

Grube, Ernst The World of Islam, New York 1966.

Hautecoeur, Louis/*Wiet,* Gaston Les Mosquées du Caire, Paris 1952.

Herzfeld, E./*Sarre,* F., Archäologische Reise im Euphrat- und Tigrisgebiet, 4 Bde. Berlin 1911 bis 1920.

Hill, Derek/*Golvin,* Lucien Islamic Architecture in North Africa, London 1976.

Hutt, A. Islamic Architecture: North Africa, London 1977.
Islamic Art and Architecture in Libya, London 1976.

Jairazhboy, R, Z. Oriental Influences in Western Art, Bombay 1965.

Krautheimer, Richard Early Christian and Byzantine Architecture, in der Reihe: The Pelican History of Art, Harmondsworth 1965.

Lassus, Jean Sanctuaires Chrétiens de Syrie, Paris 1947.

Lézine, Alexandre Architecture de l'Ifriqiya, Paris 1966.
Le Ribat de Sousse, Tunis 1956.
Mahdiya, Paris 1965.
Sousse, les Monuments musulmans, Tunis

Marcais, Georges Manuel d'art Musulman, Paris 1926.
L'architecture musulmane d'occident: Tunisie, Algérie, Maroc, Espagne et Sicile, Paris 1953. L'art Musulman, Paris 1962.

Moldanado, B. P. Arte Toledano, islámico y Mudéjar, Madrid 1973.

Rivoira, G. T. Architettura Musulmana, sue origini e suo sviluppo, Mailand 1914.

Sauvaget, J. Les monuments historiques de Damas, Beirut 1932.

Sebag, Paul/*Martin,* André La grande Mosquée de Kairuan, Paris 1963.

Sourdel-Thomine, J./*Spuler,* B. Die Kunst des Islams, Propyläen-Kunstgeschichte, Berlin 1973.

Terrasse, Henri L'art Hispano-Mauresque, des Origines au XIII.e Siècle, Paris 1932.
Islam d'Espagne, Paris 1958.

Torres-Balbàs, L. Arte almohade – Arte nazari – Arte mudéjar, Ars Hispaniae, Bd. IV, Madrid 1949.

Cte. de *Vogüé* Syrie Central, 2 Bände, Paris 1865 bis 1877.

Vogt-Göknil, Ulya Osmanische Türkei, Fribourg 1965.
Mosquées, Paris 1975.
Moscheen, Zürich 1978.

Wultzinger, K./*Watzinger,* C. Damaskus I: Die antike Stadt, Berlin 1921.
Damaskus II: Die islamische Stadt, Berlin 1924.

Einzelstudien: Aufsätze und Vorträge

Breckenridge, James, D. The two Sicilies, in: „Islam and the medieval west", herausgegeben von S. Ferber, New York 1975.

Dassaud, R. Le temple de Jupiter damascénien et ses transformations aux époques chrétiennes et musulmanes, in: „Syria" III, 1922.

Ferber, Stanley Islamic Art and the Medieval West, in: „Islam and the medieval west", New York 1975.

Gomez-Merano, M. L'entrecroisement des arcades dans l'architecture arabe, in: Actes du Congrès d'histoire de l'art, Paris 1925.

Grabar, Oleg The Architecture of Power: Palaces, Citadels and Fortifications, im Sammel-Band „The Architecture of the Islamic World", London 1978, S. 65–71.
Islamic Architecture and the west influences and parallels in: „Islam and the medieval west", New York 1975.

Jones, Dalu The Elements of Decoration: Surface, Pattern und Light, im Sammelband „The Architecture of the Islamic World", London 1978, S. 145–175.

Lambert, E. L'histoire de la grande Mosquée de Cordue aux VIII. et IX. siècles d'après des textes inédits, in: „Annales de l'Institut d'Etudes Orientales de l'Universite d'Alger", Bd. 2, 1936.

Swoboda, K. M. Berührungen der christlich-abendländischen Kunst mit der des Islam, in: „Kunst und Geschichte, Gesammelte Aufsätze und Vorträge", Wien 1969.

Torres Bálbas, L. Arte Hispanomusulmàn, in: „Historia de España", Bd. V, Madrid 1957.

VERZEICHNIS DER ABBILDUNGEN UND BILDNACHWEIS

ORTSREGISTER

PERSONENREGISTER